来たよ！なつかしい一冊

池澤夏樹 編
寄藤文平 絵

毎日新聞出版

JN229114

まえがき

昔の自分に再会する

池澤夏樹

動物を獲るには弓矢か鉄砲を持って山に行く。山の中をさんざ歩き回ってようやく獲物を見つけ、そっと忍び寄ってよく狙って射つのだが、たいていは外れる。相手はさっさと逃げてしまう。

実はもっといい方法がある。罠を仕掛けるのだ。山の中の動物がうろつきそうなところに檻を設置して中に餌を置く。扉に工夫があって獲物が入るとバタンと閉じて出られなくなる。

仕掛けて、しばらく待って行ってみると、やった！　獲物が掛かっている。

まえがき

何年か前にそういう罠を作った。狙った獲物は本を読んでいて文が書ける人。大事なのは餌だ。

なつかしい一冊

誰にだってなつかしい一冊はある。そう誘われれば、考えて、思い出して、昔の自分に再会する気分で書いてみたくなる。

これは大成功だった。この罠に次から次へと獲物が飛び込んでくる。今はその数、ざっと二百頭、いや二百匹か、二百羽か、二百人か。

そのうち最近の五十人を集めたのがこの一冊。

ところが、みなさんの書かれたものを読んでいるうちに自分が罠にはまった。強烈ななつかしい一冊を思い出したのだ。それくらいこの餌はいい匂いがする。自縄自縛という事態そのまま。

まえがき

きっかけは尾崎真理子の手になる石井桃子の伝記『ひみつの王国』だった。この中に福音館書店の「こどものとも」シリーズのことがあって、そこで『だいくとおにろく』に再会したのだ。日本の民話の絵本である。

ストーリーは簡単。

あるところに流れの激しい川があって橋を架けてもすぐ流されてしまう。ある大工がこの仕事を受けたが、堅牢無比の橋の造りようがわからない。川辺で思案していると水の中から鬼が現れて、橋は俺が架けてやるが代わりにお前の目玉を寄越せと言う。大工はなんとなく承知する。

次の日に行ってみると橋が半分できている。その次の日に行くと完成している。

「さあ、めだまぁ よこせっ」と鬼に言われて「まってくれ」

と言うと、「そんなら、おれの　なまえをあてれば　ゆるしてやってもええぞ」と言われる。

鬼の名前がわかるわけがない。

当惑して山の中をさまよっていると遠くから子供たちの声が聞こえる、「はやく　おにろくぁ　めだまぁ　もってこばぁええ　なぁ」。

これで名前を知って大工は難を逃れるのだが、ぼくは自分で読んで感動したのではない。読み聞かせで否応なく脳裏に刻み込まれたのだ。娘四人、それぞれの適齢期にねだられるままに各何十回か。計何百回か。

言うまでもなく絵本の名作である。松井直の文はリズミックで読んでいて心地よい。「だいくとおにろく」というタイトルそのものが「く」の字の繰り返しで響きがいい。赤羽末吉の描

まえがき

くにかにか笑う鬼の顔は夢に出てくるくらいで、しかもそれは決して悪夢ではない。橋普請がただ働きに終わる気の毒な鬼。子供たちに泣かれて困っただろう。

二〇二四年七月　安曇野

目次

目次

目次

目次

目次

1

はじめての本

№.1 - №.17

№.1

荻上チキ・選

こころ

夏目漱石＝著

岩波文庫

※新潮文庫などからも刊行

小説や映画などの作品には、「再会」する楽しみがある。若いうちに触れていた作品であればあるほど、味わい方の変化が感じられて面白い。

夏目漱石の『こころ』には、高校の教科書で出会った。高校生の頃の自分は、活字を読むのが好きであった。年度始めに学校の教科書が配られると、ひとまず一通り自分で目を通すという類の「読書」をしていた。現代文の教科書を読み切るのも、

それほど時間がかからなかった。

教科書には、三部構成となっている『こころ』のうち、後編にあたる「先生と遺書」の一部のみが掲載されていた。それまで漱石作品は、『吾《わが》輩《はい》は猫である』『坊っちゃん』を断片的に眺めただけであったのだが、児童向けにも勧められることの多いこれらと比べても、『こころ』はとにかく暗く感じられた。『山月記』といい『羅生門』といい、「なぜ教科書は、やたらと暗い話を載せたがるのか」と不思議であった。

当時はこの話を、〈友情より恋愛を優先したがために、友人を失い、後悔し続けた人の物語〉であるという、「道徳的」な話として読んでいた。読者、というより受験国語の訓練生である自分は、その「遺書」の書き手である「先生」や、その受け取り手である「私」の心情を、なんとか理解することに努めていた。

一般には『こころ』は、明治から大正という時代に変わる中で、一つの時代の終わりと「先生の死」を重ねて描こうとしている作品である、と説明されていた。なるほど、よくわからん。ひとまず、漱石という国民的大作家が、時代への深い洞察をしているのだな、と理解したふりをした。

その後、大学に進学した自分は、漱石を研究する恩師のゼミに入り、文学理論を学んだ。作品は作者の所有物ではなく、読

№.1

荻上チキ・選

者に開かれた共有物であると学び、文学を通じて社会と対話することにした。それから『こころ』を読み返すと、さまざまな「物語」と出会い直すことができた。

「先生」が実は、友人「K」を支えてきた物語。「先生」と「私」が、「男らしさ」の呪いを自分にかけ、苦しみ続ける物語。近代的なジェンダー観や天皇観に、「私」と「先生」たちが巻き込まれる物語。後ろめたさに駆られた「先生」が、大義を見つける物語。

作品には、多くの「物語」が眠っている。新しい解釈に気づくたび、自己の変化にも気づかされる。作品との再会は、自らの心の探究でもある。

（２０２３年６月24日）

No.2

藤本由香里・選

ピーター・パン

J・M・バリ=作　厨川圭子=訳

岩波少年文庫

幼い頃、テレビ番組の「ディズニーランド」が大好きだった。たしか日曜の夜8時ごろから、ウォルト・ディズニーその人が登場して今日のプログラムを語る。オープニングに登場するのが、シンデレラ城と、ティンカー・ベルの魔法の粉！

『ピーター・パン』は大好きな絵本で、たしか年上の従姉《いとこ》に買ってもらった記憶がある。なかでも海賊フックの宝箱のなかに

ピーター・パン

閉じ込められる寸前のティンカー・ベルの絵が強く印象に残っていて、何度も何度も読み返したものだ。

原作の『ピーター・パン』（正確には『ピーターとウェンディ』）を読んだのは、小学校高学年の頃だったろうか。すでにもう絵本は読まなくなっていたので、「忘れていた宝石箱のふたが開いた！」と魔法にかかったような気分になったのを覚えている。再びのネバーランド！

No.2

ピーター・パン

ネバーランドには、子どもの頃好きだったもののすべてがある。一つ一つのアイテムは子どもによって違うのだけれど、なぜか子どもは共通の「おとぎの国」を持っているのだ。そこには、妖精がいて、海賊がいて、人魚がいて、迷子の子どもたちがいて、そしてタイガー・リリーと、ピーター・パンがいる！

原作を読んで、いちばん絵本のイメージと違っていたのはティンカー・ベルだ。嫉妬深くて、ときおりウェンディをつねったりし、しばしば悪態をつく。「バカのすっとんきょう！」というティンクの声が、今も耳に蘇る（岩波版は別訳）。

そしてピーターは、おそろしく生意気で、誇り高く、勇敢で、なんともいえず魅力的で、そしてなんと——孤独なのだろう！

このピーターの孤独は、子どもの頃、原作を読んだ時にははっきりわかっていなかった。大人になって読み返すと、この本

№.2

藤本由香里・選

はかなり切ない。もう二度と帰ってこない過去の日々が、結晶してきらめいている。そして私たちは、お父さんの切なさも、お母さんの切なさも、わかるようになっているのだ。

20歳の頃、初めて訪れた外国はイギリスだった。私は、朝まだきのケンジントン公園を訪れて、ピーター・パンに会った。初めてのはずなのに、なぜかイギリスは懐かしい場所だった。子供の頃、何度も本の中で訪れた場所だったからだ。

「ピーター・パン」はいつでも心の中にいる。大人になって読み返すとき、あなたは、どんな「ピーター・パン」に出会うだろうか。

（2023年5月20日）

№.3

中村うさぎ・選

シンデレラの罠

セバスチアン・ジャプリゾ＝著　平岡敦＝訳

創元推理文庫

私がこの『シンデレラの罠《わな》』を読んだのは、それほど昔のことではない。つい15年ほど前だ。ミステリー好きの友人に勧められて手に取り、読み始めるや否やたちまち引き込まれた。大火事によって元の顔も指紋も記憶も失くしたヒロインが、「自分は誰なのか？」という謎に直面する。火事の現場には二人の少女がいたという。ひとりは大富豪の娘ミシェル、もうひとりは彼女の幼馴染みドム

ニカ。ひとりは焼死体となって発見され、ひとりは焼けただれていたもののかろうじて生き残った。さて、自分はどちらなのだろう？

　と、ここまで読んだ時に、不意に奇妙な既視感を覚えた。私はこの話を知っている！　初めて読む本なのに確かに知っているのだ！　しかも10年や20年どころじゃない、ものすごく古い記憶だ。でも何故、私はこの話を知ってるの？

しばらく悶々と悩んだ末に、ようやく思い出した。ああ、そうだ！　これ、小学生の頃に読んだ「わたしはだれ⁉」という少女漫画だーっ！

調べてみると、1967年に「週刊マーガレット」で連載されていた作品だった。漫画では舞台が日本に変えられていて、リサとナナという二人の少女の話になっていた。リサは大金持ちの相続人、ナナは孤児。生き残った自分がリサなら大富豪、ナナなら一文無しというわけだ。しかも、ナナがわざと放火してリサを殺した可能性も浮上して来て、もし自分がナナだとしたら殺人犯かもしれないのだ！

当時9歳の私は毎回ハラハラドキドキしながらこの漫画を読んでいた。が、教育ママだった私の母が漫画を禁止したせいで最後まで読めず、結局ヒロインがリサだったのかナナだったの

№.3

中村うさぎ・選

かという重大な謎が解けないまま40年もの月日が経ってしまったのである。以来、その謎はずっと私の記憶の奥でくすぶり続け、50歳近くになって『シンデレラの罠』に遭遇するまで埃をかぶって埋もれていたのであった。それが、この本を読み始めた途端、突然、鮮烈に蘇って来た。まるで失った記憶を取り戻したヒロインのように！

ページをめくるのももどかしく震える指で夢中になって物語を追った9歳の私が、40年経って初めて知る事件の真相。それはまさに、私の人生におけるエポックメイキングな読書体験であった。漫画の方は少女向けに簡略化されていたが、原作はもっと複雑で伏線だらけ罠だらけの傑作だ。この本を、私は一生忘れることができないだろう。

（2023年7月1日）

№.4

月村了衛・選

大地

パール・バック＝著　新居格＝訳　中野好夫＝補訳

新潮文庫

小学生の頃、図書室に気になる本があった。題名は『大地』。作者はパール・バック。当時の私は山中峯太郎翻案による「名探偵ホームズ全集」に夢中であったが、子供心にも絶版であろうと思われる色褪せたその本が、なぜか気に懸かってならなかった。しかし遂に借り出す間もなく小学校卒業となった。

その時点で、私は作者についても作品についても、なんら知識を持たなかった。パール・バ

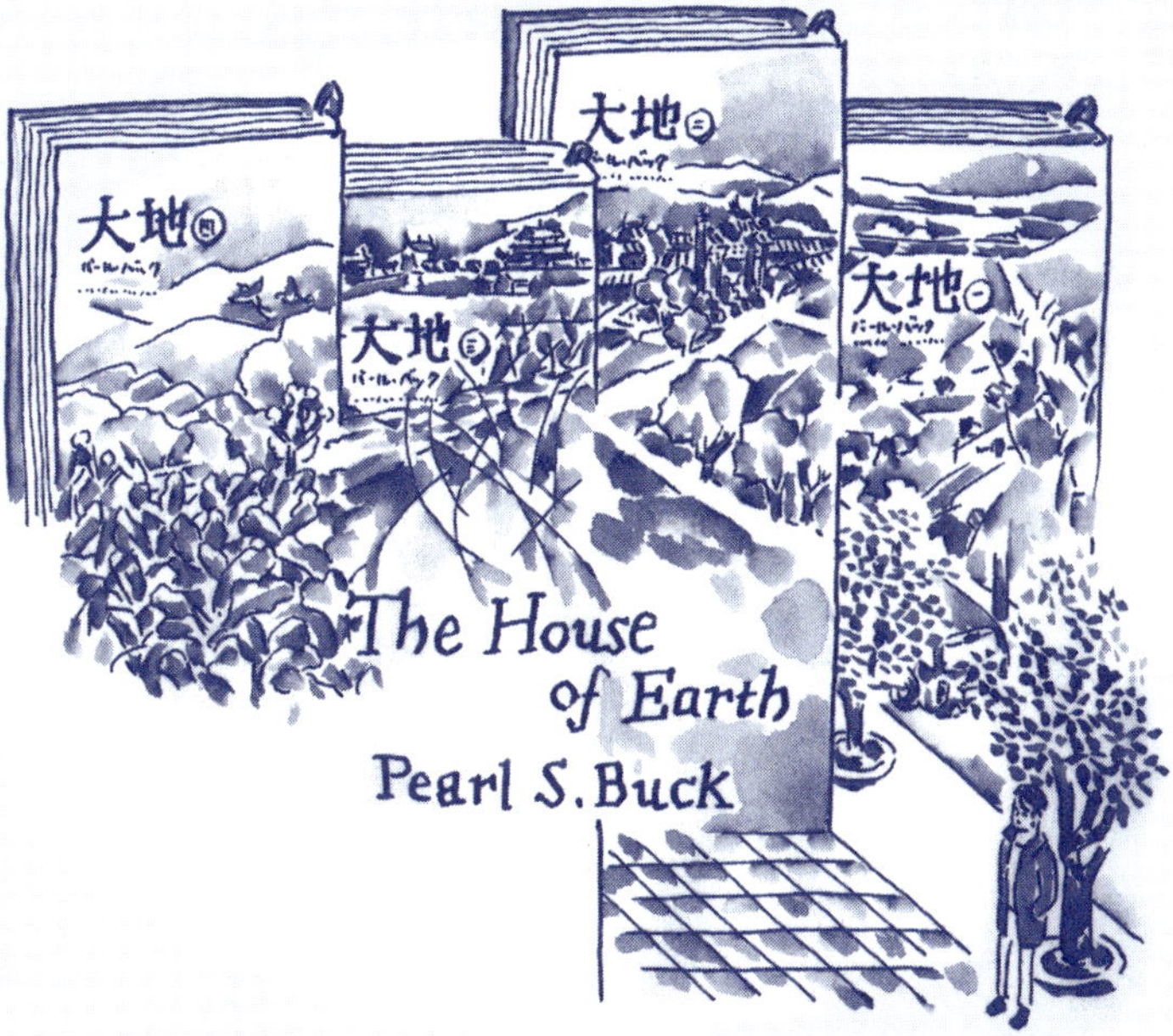

ックが本作でノーベル文学賞を受賞したことなど、もちろん知る由もない。

中学生となった私は、一体どういう経緯であったのか、母と一緒にターミナル駅近くの大型書店にいた。そして文庫の棚にあの『大地』を見つけた。小学校にあったものは児童向けの翻案で一巻本だったが、こちらは四巻本だ。

ニキビ面で学生服を着た私は、母に頼んで四冊一度に買っても

№.4

大地

らった。母が渋い顔で何やら文句を言っていたのを覚えている。当時は買った本をすぐに読んでいた。時間は若者の貴重な武器だ。今ではとてもそうはいかない。数十年積んでいる本が大半だ。

それはさておき、『大地』はとても面白かった。中国を舞台にした三代にわたる大河小説で、初代の主人公は農民、その息子は軍人、最後の主人公である孫は近代的インテリである。特に面白かったのが第二部で、第三部は一番印象が薄い。

この第二部で、地方軍閥の将軍にのし上がった主人公は、毎年「来年こそは都に攻め上ろう」と思うのだが、ついに実行することなく老いていく。これは私にとって一種の強迫観念となった。自分は決してこうはなるまいと。しかしこの歳になって痛感するのは、自分もやはりその轍《てつ》を踏んでしまったという慚《ざん》

№.4

月村了衛・選

愧《き》の念である。

親子三代にわたる大河小説として、本邦では白井喬二の『富士に立つ影』が有名だ。これも抜群に面白い作品だが、初代、二代目に比べて、主人公が言わば現代人である三代目の話が些《いささ》か劣る。

伝統的大衆文学の金字塔たる『富士に立つ影』は、『大地』とは文学的土壌をまったく異にする作品であり、同列に論じるのも無茶な話ではあるのだが、三代目が一番つまらないという、この一点においてのみ、私は個人的に通底するものを感じている。

そうしたことの一切が、読書の愉しみというものではないか。

（２０２３年８月19日）

№.5

永井紗耶子・選

五瓣の椿

山本周五郎＝著

新潮文庫

※角川文庫からも刊行

江戸時代には余り興味がなかった。

歴史小説が好きだったが、勇ましい戦国武将の活躍や、雅な平安時代の物語の方が好きで、そうした作品ばかりを読んでいた。

社会人になって間もなくのこと。壁にぶち当たり、ぼんやりと書店に足を踏み入れた時。ふと、平積みにされていた一冊を手に取った。それが山本周五郎の『五瓣《べん》の椿』だった。書かれ

たのは私が生まれるより前の昭和三十四年。それなのに、こんなに愛される作品を、一度ちゃんと読んでみようと思ったのだ。

物語は、薬種屋「むさし屋」の別宅が焼け落ち、そこから三人の遺体が見つかるところから始まる。死んだのは、主の喜兵衛とおかみのおその、そして娘のおしのだという。なるほど、この火事の経緯が語られるのかと思いつつ読み進めていくと、この三人の親子の複雑な関係性が見えてくる。

店を継ぐために婿に入った喜兵衛は、真面目な働き者。一方、跡取り娘のおそのは、始終、男を連れては遊び歩いている。病に倒れた父の為《ため》、一度は見舞いに来て欲しいと御店と離れた別宅に暮らす母、おそのを訪ねたおしのであったが、その望みは裏切られてしまう。今わの際の父は、

「たった一《ひ》と言だけ云いたいことがある」

と、おそのに会うことを願う。おしのは父を戸板に乗せて母が暮らす別宅まで運ぶが、その道中で父は死んでしまう。父の骸《むくろ》を見た母は、「きみが悪い」と言い放ち、「この人はお前の父親じゃない」と告げ、若い男と酒を飲んで酔って寝てしまう。この一連の出来事に、おしのの心は壊れてしまったのかもしれない。

ここから始まる物語は、ぜひ本書を読んで欲しい。私はこの

№.5

永井紗耶子・選

本を読み終わった時に、

「おしのを救うことはできなかったのか」

と、考えた。幾つもの分かれ道があった。助けようとしてくれた人もいた。なのに、彼女の中に滾《たぎ》る怒りと憎悪に敵わなかった。それが悔しい。

江戸時代という異なる時代を舞台にしているけれど、これほど心を摑まれたのは、奥底に流れているものが現代にも通じているからだろう。次が気になってしまうサスペンスとしての面白さがあり、人間ドラマでもあった。

今、手元にある文庫本を見ると、「平成十三年五十四刷」と記されている。二十年近く前に手に取ったこの本は、今も尚、やっぱり面白いと思わせてくれるなつかしい一冊だ。

（2023年8月26日）

№.6

森達也・選

桜桃

太宰治＝著

ハルキ文庫

※文春文庫などからも刊行

依頼を受けて考える。なつかしい一冊。たくさんある。どの時代に設定すべきか。いろいろ考えたけれど、結局は高校時代に読んだ太宰治の「桜桃」にした。ベタだ。それに誰かがすでにとりあげているはずだ。そう思って確認したけれど、今のところ誰もとりあげていないらしい。不思議だ。いやそれともやはり、(僕と同様に)ここで太宰の作品をとりあげることはちょっと気恥ずかしいと抑制

が働くのだろうか。
　いちばん最初に読んだ太宰は、中学時代の教科書に掲載されていた「走れメロス」だ。太宰がこれを書いた時代は、放蕩で波瀾万丈の人生においては束の間の安定期。しかも戦時中。検閲は当然あった。そうした要素は加味しても、その後の太宰の作風とはまったく違う。まっすぐすぎる。
　だからその後は読まなかった、でも高校に入ってからたまたま手にした「桜桃」に、僕は強い衝撃を受けた。

子供より親が大事、と思いたい。（中略）子供よりも、その親のほうが弱いのだ。

何だこれ。この記述は十代後半の僕にとって意味不明。でも何かを超えようとしているとの想像はできた。ほとんどの人が触れようとしない何かだ。作品が発表されたのは戦後間もない頃。つまり「走れメロス」とそう離れていない時期に、太宰は「子供より親が大事」と考えていたのだろうか。

無理に言葉にすれば不道徳。あるいは不謹慎。でも太宰は露悪なだけではない。揺れている。そして揺れる自分を隠さない。むしろ題材にする。

もしも太宰論を書くのなら、共産主義からの転向とかブルジョアの家に生まれながら無頼派とか、他の重要な要素はたくさ

№.6

森達也・選

んあるけれど、今回はその紙幅はない。

とにかく多感な高校生は「桜桃」以降、太宰を読み続けた。いや読み耽った。大学に入学してから東京の四畳半一間のアパートに暮らしながら、枕元には常に太宰の文庫本があった。

でも社会人になるころ、ふとつきものが落ちるように太宰を読まなくなった。いまだに太宰かよと思われたくなかったからだ。友人と酒を飲みながら、やっぱり安吾だよなとか最近の大江健三郎は、などとしゃべるとき、太宰の名前はまず出さない。だけどそれから幾星霜が過ぎて、今は素直に口にできる。

太宰が好きだ。卑劣で狡猾で弱くて小市民的で自己顕示が強くてだらしないから。


（2023年9月2日）

№.7

増田俊也・選

沈黙の春

レイチェル・カーソン＝著　青樹簗一＝訳

新潮文庫

小学生時代に小説ばかり読み耽っていた私が初めて本格的ノンフィクションに触れたのは中学一年のときである。『沈黙の春』というポエトリーな題名のその書に、稚《おさな》かった私は衝撃を受けた。次から次へと論を重ね、熱をもってたたみかける文章に腕力でねじふせられた。

原題は『サイレント・スプリング』。直訳である。生物たちが死に絶え、春になっても何の

声も聞こえなくなっていく荒涼とした地球を警告した。著者のレイチェル・カーソンは、著述業に専念するためにアメリカの魚類野生生物局を辞したばかりの水産生物学者である。彼女はこの書で農薬など化学物質の残留性や生物濃縮の危険性を初めて公に批判し、本国アメリカのみならず世界各国でベストセラーとなった。現在まで続く環境保全運動の発火点となった書である。

№.7

沈黙の春

発刊は1962年。その3年後の1965年、私は名古屋市内から鉄路で10分のベッドタウンで産まれた。巨大都市圏に近いそんな場所であっても、私が小学生だった70年代の日本にはそこここに大量の生物が溢れていた。〝溢れる〟という言葉は強調のレトリックではない。すぐ横の草むらでイタチやタヌキが走り、民家の庭木ではメジロやツグミ、ムクドリなどが騒いでいる。小川には数えきれぬほどのオイカワやメダカ、モロコなどが銀鱗《ぎんりん》をきらめかせ、草むらでは桜吹雪のように蝶が舞い、地面に屈《かが》めばバッタやコオロギ、ワラジムシやダンゴムシなどが蠢《うごめ》いている。山地や海辺の話ではなく、前述したように名古屋市内まで10分の新興住宅地である。だから川といっても畑や住宅を縫うように農業用溜池に流れ込む幅50センチほどの溝川《みぞがわ》だ。生活排水も相当量混じっている。そんな土地であっても野

№.7

増田俊也・選

鳥や魚、昆虫が無数に溢れていたのだ。
その野生生物が、私が中学に入学したころいっせいに消えた。樹々を仰いでも川を覗いても草むらを分けても何もいない。多くの大人はそれを気にしていなかったが私はそういったことに繊細な子供だった。そして『沈黙の春』を読んだ。論拠ある科学的考えに衝撃を受け、また、知っていて破滅へと走る人類の愚劣さも知った。北海道大学へ進学するさい最終的に水産学部を選んだのはカーソンの影響だ。後にジャーナリズムを志し、さらに作家を志したのも、原点を問えばカーソンである。そういう意味で彼女とその著作群が後の私の人生を決定付けたといえる。

（2023年9月23日）

森詠・選

何でも見てやろう

小田実＝著

講談社文庫

ご多分に洩れず、私の青春時代は、女の子にもてることなく、大学受験にも失敗し、暗く惨めな毎日だった。その頃の私の口癖は「何か面白いことはないか」だった。栃木県北の田舎の町にいて刺激的なことなどあろうはずがなく、ただ心が飢えて、夜の月に吠えていた。そんな時に出会ったのが小田実《まこと》の『何でも見てやろう』だった。

たまたま開いた頁から「われわれの習った正統的なる学校英

語はほとんど絶対に通用しない」という一節が目に飛び込んできた。

私は絶句した。自分たちが習う英語が外国では通じない？　作家小田実については、当時まだ何も知らなかった。略歴を見たら東大文学部卒、フルブライト留学生とある。東大出の優秀な人が、そんなことをいうのか？　私は面白半分に本書を購入し、受験勉強をそっちのけで読み耽った。

№.8

何でも見てやろう

はじめは、アメリカやメキシコ、欧州、中近東を巡るコジキ旅行記かと思った。だが、読み進むうちに、小田の体当たりの文明批判だと分かった。アメリカ社会の画一主義的な機械文明の味気なさ、それらから逃れようというビート世代の若者たちのあがき。南西部に根強くある白人優位の人種差別。豊かさの底辺スラム街……当時、私が抱いていたアメリカへの幻想をことごとく打ち砕いてくれた。

小田はアメリカ留学を終え、日本への帰りに、イギリス、フランスなど欧州、ついでレバノンから中近東諸国、さらにインド、アジア諸国の底辺を彷徨《さまよ》い歩く。小田はあえてコジキ同然の身になり、各国のスラム街を彷徨った。貧しくなければ見えない真実がある。小田は貧困の中の希望を見、体制の腐敗や堕落を嗅ぎ分ける。

№.8

森詠・選

旅の終わりには、小田は「西洋」とは何かという問いに立ち返り、日本人のものとなっている「西洋」について考察し、日本とは、日本人とは何かを自問する。私は、この思索に胸を打たれた。若かった私は、いつか自分もこんな思索の旅をしようと心に誓った。世界を巡り、現実を前にし、己れのものの考え方、事物の捉え方をぶつけて試す、そして、己れの生き方を決めよう。

後年、私は世界に飛び出し、パレスチナ難民キャンプや戦乱の地を彷徨った。貧しい人々の視線で、世界の貧困や腐敗を目の当たりにし、人間の尊厳について考えた。

本書は鬱々と受験勉強をしていた私を奮起させ、未来を拓く羅針盤になった一冊だった。

（2023年11月18日）

№.9

田中慎弥・選

蘆刈

谷崎潤一郎＝著

岩波文庫

※『吉野葛・蘆刈』所収

谷崎潤一郎の小説を初めて読んだのは、中学三年生くらいの頃だったと思う。学校の授業には全くついてゆけなくなっていた。同級生たちが夢中になっていた漫画やゲームにも興味は湧かなかった。本だけ読んで一生をウジウジとやり過せればいい、と本気で考えていた。読書は生きるよすがであり、諦念の根拠でもあった。谷崎はゆったりと大らかで、ギラギラ輝いてもいた。川端康成の、世の

中に背を向けた感じも好きだったが、ほとんど変質的なまでに人間を描き出す谷崎は、人生に何も期待していなかった若造に、これがこの世で一番価値のあるものだ、とうっかり勘違いさせる力があった。

『蘆《あし》刈《かり》』は、ある秋の夕刻、男がふらりと散歩に出かける場面で始まる。古典文学の引用や京阪の地形の描写が続き、小説というよりは穏やかな随筆という印象がある。ところが、散歩の

№.9

蘆刈

途中、うどんを食べて酒を飲み、渡し舟に乗って川の中洲に辿り着くあたりから展開が違ってくる。ひと休みするために腰を下ろした水際の草むらに、偶然もう一人、別の男が座っていて、『平家物語』を題材とした謡《うたい》、「小督《こごう》」を唸って聞かせる。その後この謎の男が語る、自分の父親とある女性の物語は、どこまでが本当でどれが嘘なのか、語っている本人にさえはっきりと分かってはいないのではないかと思えるぼんやりとしたもので、しかし言葉そのものはくっきりと際立ち、ぼんやりとした物語を、ぼんやりのまま明確に伝える感じがする。

十代の私は、この小説を恰好いいと思った。不思議な終わり方もよかった。日頃聞かされる親や教師の説教よりもずっと面白かった。心地よかった。生きてゆく上でなんの役にも立ちそうにない谷崎の小説こそが、その時の私にはたぶん意味があっ

№.9

田中慎弥・選

た。どんな意味で、どんな効果があるのかはまだ分からなかったが。

それから、大学受験に失敗して、親に養ってもらいつつだらだら本を読むという、自分にとっては夢のような、世間の常識からすれば道に外れた日々を過す中、作家になれればと思うようになった。どうやって小説を書けばいいのか分からず、『蘆刈』や川端の『雪国』といった好きな小説を最初から最後まで、ノートに鉛筆で書き写したりした。文章修業などと呼べるものではない。ただ、書いた。やがて、谷崎ほど恰好よくはない自分の小説を書くようになった。

(2023年11月25日)

№.10

彩瀬まる・選

太陽の子

灰谷健次郎＝著

角川文庫

小学校高学年の頃、母親からクリスマスプレゼントとして贈られた本だった。おもちゃと漫画が好きだった当時の私は、『太陽の子』なんて堅苦しいタイトルの、大人と子供がこちらに背を向けて青い空間を歩いている素朴な装画の本を渡され、「こんなのいらない」と泣いてしまった。母親はふてくされ、気詰まりなクリスマスとなった。

三ケ月ほど放置し、やることがなかった夜に「しょうがない

や」といった感じでページを開いた。装幀からてっきり大人向けの本だと思っていたが、主人公が自分とそう年の変わらない少女だと知って親近感を持ち、作中に書かれる「おとうさん」の不穏さが気になって読み進めた。

　物語は、終戦から三十年ほど経った神戸を舞台にしている。沖縄料理店を営む一家の長女・ふうちゃんが主人公だ。ふうちゃんのお父さんは半年前から精神を病んでいる。どうやら、その病の根には沖縄戦での体験があるようだ。おとうさんに元気になってほしいふうちゃんは、おとうさん、おかあさん、そして自分をかわいがってくれるお店の常連客たちが心に抱いた沖縄について知ろうと決意し、年若い常連客や学校の先生、沖縄出身の少年キヨシ君とともに故郷としての沖縄、そして沖縄戦について学んでいく。

沖縄の歴史と戦後の不平等、そして深い傷を負った人々という「まったく消化できないテーマ」を人生で初めて、直球で投げつけられる読書だった。けっして物語を理解できたとは言いがたく、なのに私は「おとうさん」が気になって仕方がなかった。ふうちゃんが懸命に慈しみ、多くの人々が快復を切望していた「おとうさん」は、しかし物語の最後で死んでしまう。人間の勇気や努力を描いてきた物語の、あまりに救いのないラス

№.10

彩瀬まる・選

トは、不思議な生々しさとともに記憶に残った。思えばあの生々しさ、救いがなくとも残された側は生きていくしかないという苦い示唆は、読み手の負荷が考慮された児童向け作品とは異なる、初めて触れた一般文芸の手触りだった。

図書館に行った際、すぐに児童向けの棚に向かうのではなく、単行本の棚で足をとめて灰谷健次郎の本を探すようになった。そしてその習慣が、他の作家の作品にも指を伸ばすきっかけを作った。灰谷健次郎は子供から大人へ、現在から過去へ、そして読み手が居る場所からまったく異なる場所へ、読者の心に多くの橋をかける作家だったと思う。私も、その橋を渡った子供の一人だった。

(2023年12月9日)

№.11

ライムスター宇多丸・選

やっぱりおおかみ

佐々木マキ＝作・絵

福音館書店

『やっぱりおおかみ』は、「こどものとも」シリーズ中の一作として1973年に発表されて以来、現在に至るまで読み継がれている名作中の名作であり、恐らくその最初期からの読者の一人であろう私にとっても、ほとんど人生観の根幹を形作ったと言っていい、とても大切な一冊です。

主人公は、一人ぼっちのおおかみのこども。ただし、作中の他の動物たちとは違い、両手を

ポケットに突っ込んでいるようにも見えるシルエット以外は黒く塗りつぶされた、言ってみれば「孤独」を象徴化したような存在です。

おおかみは、居場所を求めて世界を彷徨っています。しかし、最初の見開きページに描かれたウサギの街からしてもう……住人たちは皆、突然現れたこの小さな「異物」を恐れ、逃げ惑うばかり。賑わう市場の裏路地、のほほんと壁に落書きしていた

№.11

やっぱりおおかみ

ブタも、横からそれを（いかにも話しかけたそうに）眺めているおおかみに気づくなり、逃げるようにそそくさと立ち去ってしまう。ならばお前らなどこちらから願い下げだ！とばかりに、大きな漫画的吹き出しで繰り返し吐き出される「け」が、ブルージーなユーモアを醸し出します。

「おれに　にたこは　いないんだ」

最終的に、見晴らしの良いビルの屋上へ辿り着いた主人公は、あてどもなく飛び立ってゆく気球に自らの運命を重ね合わせるかのように、どこまで行っても自分はたった一人のおおかみとして生きてゆくしかないという事実を、ついに受け入れるのです。眼下に広がる街並みに、こんな言葉が重なって物語は終わります。

「そうおもうと　なんだかふしぎに　ゆかいな　きもちに

なってきました。」

当時、とかく「他の大勢との同調」を強要してくる大人たちの物言いに、幼いながらも密かな反発を感じていた私にとって、人とは違う「個」であること、孤独「と」生きてゆくということを気高く肯定してみせる本作の結末は、衝撃的なまでの解放感をもたらしました。筋金入りの一人っ子にして「鍵っ子」、基本は単独行動！な私の性分は、そのとき完全に確立されたのだと思います。

さらに少し大人になって読み返すと、主人公は少数民族のメタファーでは？とか、ここでおおかみは改めて「捕食者」としての目で人々を見下ろしているのでは？といった、オルタナティブな解釈も可能なことに気づいたり……その豊かな幅こそが、古典の証でもありましょう。

（2023年12月23日）

№.12

グレゴリー・ケズナジャット・選

風立ちぬ

堀辰雄＝著

新潮文庫

※『風立ちぬ・美しい村』所収

大学院に入って初めて受けた講義で、堀辰雄の『風立ちぬ』を読むことになった。その時は日本文学に関する知識が浅く、早く情報を頭に詰め込むために、ともかくペースを落とさずに多くの名作を読むよう心がけていたが、このような読み方を頑なに拒んで、緩やかにしか進まなかった『風立ちぬ』は、深い印象を残した。

物語を繰り広げる小説もあれば、物語の限界を示す小説もあ

る。『風立ちぬ』は後者だろう。プロットと呼ばれるほどの展開はない。語り手の私は婚約者である節子とともに、彼女が患っている結核を療養すべく山奥のサナトリウムへ向かい、そこでほぼ変わらないルーティンで毎日を過ごす。二人は時としては言葉少なな会話を交わしながら雑木林を散歩し、時としては沈黙に包まれて山脈を輝かせる夕焼けを眺める。私は幸福と記憶のあり方を考えながら手記を書

き続ける。二人が臨む運命の影響下では、物語が成り立たなくなり、ただ今を生きるほかない。その中、山景色と語り手の心境の入り交じった描写が進むにつれて、読者の息遣いが語り手のそれに合わさってくる。その静謐な空間に引き込まれ、普段は日常の喧騒によってかき消される鼓動が耳に届いてくる。

極めて主観的な語りで、私は結局、自分の幸福しか考えていないのではないかとさえ思われかねない。施設の廊下を歩き回る看護師や患者は人物というより影として描かれていて、肝心の節子でさえ、私の目に映る一面的な像しか見えてこない。だがこれはかえって、私の経験に普遍性を与える。最後のほうに、私は夜中に今一人で住んでいる小屋への道を登っていく。谷を照らす雪明りが、自分の小屋から射しているのではないかと考えるが、実際に小屋まで登りつめると、その明りがどれほど小

№.12

グレゴリー・ケズナジャット・選

さくて、どれほど弱いものかに気づく。谷の雪明りは自分一人の明りではなく、無数の明りによって作り上げられたものだ。「この明りの影の工合なんか、まるでおれの人生にそっくりじゃあないか」と私は思う。自分に幸福と苦しみがあるのと同じように、それは誰にでもあって、みんな一人一人の意識をその淡い明りに加えている。

　私はこの谷のことを「死のかげの谷」、または「幸福の谷」と呼ぶ。どちらの名称も相応《ふさわ》しいだろう。その中で人は絶えずそれぞれの個人的な物語を繰り広げ、支え合っている。だが『風立ちぬ』は物語の外へ誘《いざな》ってくれる。闇の中で仄《ほの》かに灯っている無数の明りも実に美しい。

（2024年2月3日）

№.13

松永美穂・選

小公女

フランシス・ホジソン・バーネット＝著　畔柳和代＝訳

新潮文庫

小さいころ、読書が好きで同じ本を何度も読んでいたわたしに、祖母が「なかなか読み終わらない本」をプレゼントしてくれた。河出書房から出ていた「少年少女世界の文学」の一冊で、「小公子」と「小公女」が収められており、四〇〇ページ以上ある。小学二年生だったわたしはこの本に夢中になり、結局また何度も読んだ。

いわさきちひろの挿絵で、背表紙の題字は金の箔押し。自分

が持っている本のなかでダントツに豪華だったこの本を、わたしはいまも持っている。

特に惹かれたのは、自分と同じ年齢の少女が主人公になっている「小公女」の方だった。富豪の一人娘セーラはロンドンの女子学院の特別寄宿生になるが、父親の死によって一挙に転落、校長のミンチン先生の「お情け」で下働きの女中になる。罵られ、空腹の日々を送るなかでも、彼女は気品を失わず、持ち前の想像力を駆使することで、辛さを乗り越えていく。この本はわたしに、人の運命や社会での格差について、憐れみや優しさについて、考える機会を与えてくれた。

当時はわからなかったが、大人になってからこの本の翻訳者が川端康成であったことに気づいて大変驚いた。（新潮文庫の「小公子」では現在も川端訳が使われている。ただ、「小公子」も「小公女」も、もともとは野上彰との共訳らしい。）そもそも「小公女」には菊池寛や伊藤整など、名だたる作家たちによる既訳もある。セーラが物乞いの女の子にあげるパンの種類は菊池訳では「甘パン」、川端訳や畔柳《くろやなぎ》訳では「ぶどうパン」になっている。菊池が翻訳した昭和二年には、ぶどうパンは一般に知られていなかったのだろうか。

幼いわたしは人が突然零落する可能性に打ち震え、自分がそ

№.13

松永美穂・選

うなった場合のことをいつも空想していた。実家の裏に祖母が住む平屋があり、その奥に古い物置があった。誰にも知られずにそこに住んだらどうかと考え、次第に空想はサバイバルゲームの様相を呈し、周囲の木の実が食べられるか確認したり、暖のとり方を検討したりした。品格を保てる自信はなかった。というより、もともと品格がなかった。

「小公女」では物語は心温まる終わり方をする。読者としてはほっとするのだが、自分のサバイバル空想にはハッピーエンドは訪れそうもなかった。祖母の物置には天窓がなく、屋根伝いの助けも来そうにない。物置ではやがて野良猫が出産し、子猫がたくましく育っていった。

(2024年2月17日)

№.14

飯間浩明・選

ことばの歳時記

金田一春彦＝著

新潮文庫

1年366日、折々の風物にちなんだ短い文章を書く。それだけなら他の人にもできるかもしれません。でも、この本は金田一春彦にしか書けない。戦後を代表する言語学者が、研究の中で得た知見を、毎日1ページずつ、季節のことばに絡めて読者に届ける。そんな「無理ゲー」とも言える趣向を凝らした、魅惑的な日本語入門です。

私が本書に魅惑されたのは中学2年の時でした。金田一春彦、

という名前は知っていたけれど、こんなに分かりやすく面白い文章を書く人だとは知らなかった。400ページを超える本書を一気に読みました。それから今に至るまで、メモを取りながら何度か読んでいます。

たとえば、〈蒲団着て寝たる姿や東山〉という服部嵐雪の句から、「蒲団を着る」は京都的だ、江戸ならば「蒲団をかける」と言う、と方言の話になります。そんな視点でこの句を見たことはなかった。著者の話はそれで終わらず、衣類を身につける意味を表す動詞表現へと展開します。

あるいは、〈わが肩にふれたる枝の芽ぐみたる〉という前田青《せい》邨《そん》の句の「芽ぐむ」から、芽を出す表現は多い、と類義語の話になります。「芽ぐむ・芽ざす・芽ばる・芽だつ・芽吹く・芽ばえる」などのほか、水辺のアシの場合は「つのぐむ」。唱歌の「早春賦」にも出てきますね。

著者は『古事記』『万葉集』から近代文学まで古今の文献を縦横に引用します。さらには狂言あり歌舞伎あり、長唄あり清元あり、豊富な方言の例ありで、春彦先生、日本語を全部知り尽くしてるんじゃないかと驚きました。事実そうだったことは、今では嫌と言うほど理解しています。

少年の頃に本書と出合ったのは幸せでした。世の中には、真

No.14

飯間浩明・選

偽のはっきりしないネタを集めた「日本語雑学本」が多くあります。これではことばの本当の面白さは分からない。一方、本書は、「日本語よもやま話」でありながら、著者にとって言語学的に興味深いテーマを盛り込んでおり、研究者の鋭い分析に触れることができます。

ただし、今日では見直すべき箇所もあります。たとえば、「タンポポ」という花の名が鼓を打つ音から来ている、というのはそのとおりですが、鼓との関係について〈蕾《つぼみ》の形が鼓に似てみえるところから〉としたのは誤り。実際は、茎を短く切り、両端に切れ込みを入れて水に漬けると鼓の形になるからです。こういうところは、私の携わる国語辞典で努めて解説しています。

（2024年4月13日）

№.15

増山実・選

めもあある美術館

大井三重子＝著

偕成社文庫

※『新版　水曜日のクルト』所収

大井三重子（仁木悦子）の「めもあある美術館」を小学六年の国語の教科書で読んだ時、なんて面白い物語なんだと思いました。私が小説を書くようになった根っこには、この物語があります。

　主人公の少年は、ある日、姉さんと喧嘩して髪を引っ張ったことでお母さんに叱られます。お母さんの針箱を蹴飛ばして家を出ると、街で背の高い不思議な男と出会います。少年は男と

一緒に美術館に入ります。そこには少年がかつて体験したいくつもの情景が絵になって飾られていました。
小さい頃、可愛がっていた犬のペスの絵。運動会で一等賞になった時の絵。楽しい思い出の絵ばかりではありません。耳が聞こえず口がきけない子に罪をなすりつけた時の絵。リヤカーを引いて坂道を登るおじいさんを手伝いたかったのに友達に囃されるのが怖くて手伝わなかっ

た時の絵。最後に飾られていたのは、お母さんの針箱を蹴飛ばした絵。そして、その先には、何も絵が入っていない額だけがずらりと並んでいるのです。男は言います。「君はね、これからも絵を描き続けていくんだよ。このたくさんの額の中に。この美術館には誰でも、いつでも見に来ることができるんだ」

少年は、美術館を出て、春の夕暮れに染まった家路をたどる。そんな話でした。

どこかほのぼのとしたノスタルジックな印象を与える物語ですが、大人になってからこの作品を読み返した時、私は作者の大井氏がそこにひっそりとあるテーマを埋め込んでいることに気づきました。それは、「後悔」です。あの時、どうしてあの子に、あの人に、あんな態度を取ってしまったのだろう。そんな「心の痛み」です。少年を「めもあある美術館」に案内した男は、

№.15

増山実・選

最後に言うのです。「君が描いた絵を一枚でも見たくなったら、いつでもここにおいで。以前に、自分の描いた絵を見るのは、いいものさ」

この物語は、いつか思い出すだろう「心の痛み」を持った人たちに向けて書かれているような気がします。そしてその眼差しは、限りなく優しいのです。その「心の痛み」を思い出した時、人は初めて人に対して優しくなれるのかもしれません。

十二歳の時に私が初めて訪れた「めもあある美術館」。五十三年後、私は再び絵の前に立ちました。あの少年の日にはなかった、私がそれから描き続けた、たくさんの絵がありました。

あなたの「めもあある美術館」には、どんな絵が飾られていますか？

（2024年4月27日）

№.16

浜崎洋介・選

車輪の下

ヘルマン・ヘッセ＝著　高橋健二＝訳

新潮文庫

遊び回っていた私が、小学生の時に読み切れた本は、デュマの『巌窟王』と夏目漱石の『坊っちゃん』くらいのものだった。しかも、それは自分とは距離のある読書で、向こう側に一人の英雄を眺めるだけのものだった。が、中学のときに手にしたヘルマン・ヘッセの『車輪の下』は違っていた。

中学に入学すると同時に、大阪の箕面から神戸の西神ニュータウンに移り住んだ私は、大人

を見ないその透明な土地に戸惑いながら、急に始まった偏差値競争、性的な目覚め、学校内でのいじめなどに対して、一体何をどうすればいいのかが全く分からず、混乱し、苦しんだという記憶がある。

その挙句に勉強を放棄し、部活もやめてしまった私は、おそらく、その境遇があまりに自分に似ていたためだろう、ふと手に取った『車輪の下』から眼が離せなくなってしまうのだ。今から考えると、それは、本の中に自分の孤独を重ね見た初めての体験だった。が、同時に、目の前の現実を突き放すための言葉と、その言葉を秘かに共有できる友人を得たような救いの体験でもあった。

『車輪の下』は、文字通り、社会の車輪＝教育システムに押しつぶされてしまった少年の心を描いたヘッセの自伝小説である。ドイツの片田舎に育ったハンス少年が、周囲の期待に応えるべく勉強に打ち込み、神学校に二番で入るものの、早熟で野性的な少年との出会いから、次第に、功名心と隷従心とに満たされた学校という閉鎖空間への違和感を募らせ、親友の放校処分を契機として、自分も学校を去っていくという話である。

要するに、ヘッセが描いているのは、その繊細さゆえに、内的な欲求（友情）と外的なシステム（学校）との間で引き裂かれ、次第に身動きが取れなくなっていく一つの幼い魂の姿なのだが、今回、小説を読み返して思ったのは、その内と外との分裂と、その縫合という主題は、相も変わらず、今の私を捕らえている主題だということである。

ただ違うのは、当時の私が、だからこそ社会に反抗すべきだと拙速に結論していたのに対して、今の私は、なぜ子供のそばに、内的なものと外的なものとの関係と、その平衡を教えられる大人がいなかったのだろうと考える点かもしれない。

その後、私は師との出会いによって危機を乗り越えられたが、それは偶然である。ということは、今もどこかで、その出会いを果たせなかったもう一人の自分が怯えているのだ。『車輪の下』が呼び出すのは、そんなもう一人の私である。

（2024年5月4日）

№.17

円満字二郎・選

黄色い部屋の謎

ガストン・ルルー＝著　平岡敦＝訳

創元推理文庫

ぼくの実家には、「図書室」と呼ばれている部屋があった。わずか2畳の物置なのだが、壁には父の手作りの本棚が備え付けてあって、本がびっしりと並んでいたものだ。ぼくの本格的な読書体験は、中学生の時、その狭苦しい部屋で始まった。とはいっても、蔵書の大半は文庫本でしかも「探偵小説」ばかりだったから、当時のぼくの読書世界はずいぶんクセが強いものだったわけだ。その偏狭

な小世界の中でとりわけ強烈な印象を残したのが、『黄色い部屋の謎』だった。

時は19世紀末。舞台はパリ郊外の古城。怪しい猫の叫び声がこだまする夜、絶世の美女が何者かに襲われて瀕死の重傷を負う。現場は完全な密室状態。続いて起こる不可思議な事件。その謎に挑むのは、わずか18の名探偵！　100年以上も前に書かれた作品だからいかにも大時代的で、現代の読者には大味すぎるだろうが、密室ミステリーの古典であることは間違いない。ラストの数十ページ、裁判の場に少年探偵が颯爽と現れて謎を解き明かしていく場面はとてもドラマチックで、「図書室」の床にあぐらをかいたまま、夢中になって何度もくり返し読んだものだ。

この作品の魅力の一つは、謎解きが非常にわかりやすいところだ。不可解な謎を、明快な論理で一刀両断にする。これぞミステリーの醍醐味だろう。あまりにも明快だから、経験豊かな読者ならば、犯人を容易に看破できるかもしれない。その点、読書体験の最初期にこの作品に出会えたぼくは、ラッキーだったのだ。

ただ、今回、新訳で読み返してみて印象に残ったのは、謎そのものがとてもわかりやすく示されていることだった。ミステリーの中には、話が複雑すぎて、何が謎なのかよくわからないまま進んでいくものもある。でも、この作品は違う。犯人はどうやって現場から立ち去ったのかというシンプルな謎を提示して、揺るぐことがない。だから、安心して作品の世界に浸ることができる。

フリーライターとしてぼくが書く文章の多くは、何かを説明するものだ。わかりやすさが求められるのは、言うまでもない。だが、ぼくは時に、今、何について語っているのかを一人合点したまま、文章を書き進めていることがないだろうか。そこをおろそかにしては、わかりやすい文章などありえないのではないか……。初読から40年以上が過ぎた今、『黄色い部屋の謎』は、そんなことを考えさせてくれるのである。

（2024年5月11日）

2

笑顔をくれる本

№.18 - №.32

№.18

吉田豪・選

アントニオ猪木自伝

猪木寛至＝著

新潮文庫

ボクの人生を変えたオススメ本なんていくらでもあるんだが、それがいまでも紙の本で入手可能なものに限定されると急激に困ったことになってくる。藤子・F・不二雄作品やジョージ秋山作品は漫画だから対象外みたいだし、斎藤貴男『梶原一騎伝』もいまは電子書籍のみだからこれも対象外だしでどうしたものかとしばらく苦しんでいたら、脳内のアントニオ猪木が『苦しみの中から立ち

あがれ』（1983年に出版された猪木本のタイトル）と鼓舞してきた。そうだ、猪木の自伝があったじゃないか！　あれは名著だ！

98年4月4日のアントニオ猪木引退試合の翌月にハードカバーで出版され、その2年後に文庫化された、この本。映画監督の天願大介が聞き手なんだが、それまでの猪木本の中でもベストの出来だと断言できる圧倒的なクオリティだった。

プロレス業界外の人がちゃんと作った本はだいたい面白くなるというボクの持論通り、同業者的な遠慮もなく、世間的にはマイナスだと思われそうなポイントも容赦なく直撃していく。というか、新聞で書くのもはばかられる下半身事情やら宗教団体との関わりやら、まあ余計なことばかりをのびのび話す猪木がとにかくすごかったのだ。

だって、この時点で猪木はプロレスラーながら国会議員にもなり、イラクの人質救出に関わって国民的英雄になったかと思えば、スキャンダルで致命的なダメージを負い、選挙にも落ちて、プロレスラーとしても引退。普通に考えたらここからどんどん大人しくなってもおかしくないのに、猪木はここからさらなる暴走を始めることとなる。

どれだけ逆境に追い込まれてもどうにかしてきた猪木の生き

方は、絶対に真似しちゃいけないんだが、それでも読む側に不思議なやる気を与えてくれる。かつて浅草キッドの2人が、ホテルに置いてある聖書を猪木自伝と差し替えていると公言していたが、そんな気持ちも正直わかるのだ。

これの後に、これまた業界外の人が書いた名著として、猪木がリアルファイトを4試合やった異常な1年を掘り下げた柳澤健『完本　1976年のアントニオ猪木』（文春文庫）を読み、さらには同業者による暴露本とされたミスター高橋『流血の魔術　最強の演技』（講談社+α文庫）を読むと、猪木がどれだけ非常識で迷惑な存在で、だけど異常に魅力的なのかがわかると思う。どれだけ裏側を出されてもこれっぽっちもイメージダウンにならない猪木は、最低で最高な男なのである。

（2023年6月17日）

№.19

櫻井寛・選

終着駅

宮脇俊三＝著

河出文庫

宮脇俊三さんが亡くなられて20年の歳月が流れた。編集者時代が長かった宮脇さんの作家デビューは中央公論社を退職後の1978年のこと。2003年に亡くなられるまでの25年間が作家人生だったわけだが、48冊の著書の中で最後の随筆集となったのが『終着駅』である。実は出版されたのは亡くなられた6年後の2009年、その第1章に収録された12の終着駅は、歯科技工士向けの専門

誌『クインテッセンス・ジャーナル』に連載されたもので、それまで単行本には未収録だった。しかもこの連載は１９７９年なので、ごく初期の宮脇作品というわけだ。それだけに私は『終着駅』を、胸をときめかせながら読んだことを鮮明に覚えている。宮脇さんの没後、私を夢中にさせてくれる鉄道紀行作家は現れてはいない。それだけに、50代の宮脇さんと再会したかのような初々しさを感じた。

№.19

終着駅

宮脇さんの取材旅行には何度もお供させていただいた私だが、「終着駅」は、宮脇さんが最もお好きな鉄道用語だったと、私は今も思っている。世田谷区松原のご自宅は3階建てのマンションで、その名は「TERMINI宮脇」だった。TERMINIとは、映画「終着駅」の舞台にもなったローマ・テルミニ駅のこと。先生が最もお好きだった海外の終着駅の一つなのだ。当時、渋谷区笹塚に事務所を構えていた私は、取材や出版社の打ち合わせなどで、よく、お迎えに伺った。すると玄関ではなく、「TERMINI宮脇」のプレートの入った花壇の縁に腰掛けて、ラッキーストライクを燻《くゆ》らされていた。紫煙の彼方に「ローマ・テルミニ駅を思い浮かべていたのかもしれない。「なつかしい一冊」を書くにあたり、その後文庫となった『終着駅』を再読したのだが、第1章に収められた12の終着駅中、

№.19

櫻井寛・選

6駅がすでに無くなっていた。その中の片町駅は新線の開業による廃止で鉄道が廃止されたわけではないが、他の5駅は赤字のため鉄道そのものが廃止となり、同時に駅も無くなってしまった。その駅の名は、肥後小国《ひごおぐに》、熱塩《あつしお》、蛸島《たこじま》、大社《たいしゃ》、そして三保《みほ》駅だ。鉄道開業150年という節目を迎えた昨年、国交省の有識者会議は1㎞あたり1日平均利用者数が1000人未満の路線について、存廃などを考える協議会を置くよう提言したが、早くも廃止された路線もある。青山墓地の宮脇さんの墓碑には「終着駅は始発駅」と、彫られているが、鉄道が廃止されれば、終着駅も始発駅もなくなる。

（2023年7月15日）

№.20

佐々木望・選

風にのってきたメアリー・ポピンズ

P・L・トラヴァース＝作　林容吉＝訳

岩波少年文庫

記憶の中にある本は、薄い半透明のグラシン紙に包まれている。英文タイプの仕事をしていたおばが、タイプ用紙を使ってブックカバーを作ってくれたのだった。おばは文学や哲学を読む人で、私に薦めてくれる本もツヴァイクだとか坂口安吾だとかだったから、メアリー・ポピンズの本はおそらく別の誰かに買ってもらったのだろう。

東風にのって空から降りたっ

たメアリー・ポピンズは、バンクス家の子どもたち、ジェインとマイケルの世話係になる。つんと取りすまして子どもに媚びることもないメアリー・ポピンズは、映画『メリー・ポピンズ』の快活な人物像とはまるで別人だ。メアリー・ポピンズは不思議な力を使い、メアリー・ポピンズといると不思議なことが起こる。子どもたちは不思議な体験をさせてくれるメアリー・ポピンズが大好きになる。

№.20

風にのってきたメアリー・ポピンズ

そのメアリー・ポピンズを、私はおばと重ね合わせて読んだ。おばは温厚柔和でメアリー・ポピンズとは似ても似つかない性格だが、その実直で几帳面な暮らしぶり、寡黙な中に光るユーモアとウィットの利いた物言い、私に次々と冒険をさせてくれる精神の自由さには、まさにメアリー・ポピンズらしさがあった。幼児期を祖母とおばに預けられて育った私には、おばは保護者であり教育者であり、映画もゲームもスポーツも旅行も、どこに行くにも何をするにも一緒の親友でもあった。

小学生になると数週間おきに祖母宅に行き、週末を過ごした。夜、おばが髪をとかす横で、化粧水を顔につける横で、私はメアリー・ポピンズを読んだ。布団に入ってからは、メアリー・ポピンズが話してくれるお話をジェインとマイケルが聴くように、おばが話してくれるお話を私は聴いた。

№.20

佐々木望・選

朝6時に家を出て職場に向かうおばは、月曜の朝に私が目を覚ますともういなくなっていた。一緒に起きて、出かけるまで一緒にいる、と前の晩に決意しても一度も起きられなかった。眠る子どもを起こさないように動く大人に、子どもがかなうわけがない。私は目覚め、一人になった布団の中で少し泣き、それからパジャマの袖で顔を拭って台所に行った。祖母が朝食を作って待っていた。

本書の続々編『とびらをあけるメアリー・ポピンズ』の最終話が、メアリー・ポピンズと子どもたちの最後の別れになる。当時は悲しさが先立ってこの最終話だけは読めなかったが、もう今なら読むことができる。あの頃と同じように、おばのそばで、私はまたメアリー・ポピンズに会いたい。

（2023年7月22日）

№.21

一谷智子・選

ラディカル・オーラル・ヒストリー

オーストラリア先住民アボリジニの歴史実践

保苅実＝著

岩波現代文庫

「ども、はじめまして、ほかりみのると申します」。学術書らしからぬ軽やかな挨拶に始まる本書は、豪先住民に学んだ夭折《ようせつ》の歴史学者による、まさに革新的《ラディカル》にして独創性に富む一冊である。先住民の歴史語りを神話として排除／包摂してきた従来の歴史叙述をいかにして乗り越えるのか？　痛快な筆致で、近代の知の特権性を問う冒険へと読者を誘う。

二〇〇四年、出版されて間も

ないた本書を手にした時、書かれた言葉が肉声として響いてくるかのような、なつかしさを感じた。学生の頃、一人旅したオーストラリア。当時、キャンベラの大学で本書の基となった博士論文を執筆していた著者と出会った時の記憶が蘇ってきた。

　自分探しの旅の途上で保苅実という比類なき個性にめぐり逢えたことは何と幸運であったことだろう。あらゆる生命と存在の起源であり、世界を維持する法でもある先住民の「ドリーミング」、人間と同様に、歴史の語り手である大地や動植物たち、先住民が経験した植民地支配とそれへの抵抗。グリンジの人々と共に「歴史する」体験を楽しそうに語る保苅さんに導かれて、私は先住民文学の研究へと足を踏み入れた。

末期がんの病床で書き上げた本書を残し、保苅さんが旅立っていったのは、この出会いから五年後のことだ。生と死をめぐる思索の淵に佇み、亡き友と対話を重ねるような読書は、今も止むことなく続いている。

自著を世に問うことを保苅さんは谷底に投げ入れる「一枚の花弁」にたとえた。歴史学の分野を超えて受けとめられた「花弁」は、数々の豊かな共奏を生み出してきた。例えば、本書に着想を得て展開された福岡市美術館の特別展や映画監督・大川

№.21

一谷智子・選

史織の編著『マーシャル、父の戦場　ある日本兵の日記をめぐる歴史実践』。池澤夏樹の小説『氷山の南』もその一つ。南極の氷山曳航《えいこう》計画に関わるアイヌの血を引く主人公の少年と、多様な登場人物が繰り広げるこの小説で、重要な役割を担うのがアボリジナルの人物と文化である。小説に付された参考文献に本書のタイトルを見つけて、思わず笑みがこぼれた。世界文学の旗手による重層性をもった物語は、本書が探究した多元的世界観を見事に描き出していた。

保苅さんの没後二〇年を記念して、図書出版みぎわが著作集を刊行するという朗報も届いた。私たちの保苅実がパワーアップして帰ってくる。

（2023年9月9日）

№.22

三浦しをん・選

そんなとき なんていう？

セシル・ジョスリン＝文　モーリス・センダック＝絵
たにかわしゅんたろう＝訳

岩波書店

ちょっととぼけたかわいい絵と、リズミカルな文が大好きで、幼児のころ、親に頼んで何度も読んでもらった一冊だ。しかし親もそう暇ではないので、「あとで」と言われるときもある。早く字を読めるようになりたいなあと思いながら、一人でも何度も何度もページをめくった。

いまもこの本は大事に手もとに残してあるのだが、はずれかけた表紙がテープで留められて

いる。たぶん親が直してくれたのだろう。そしてスパゲティが出てくるページにだけ、よだれの跡らしき染みがある。幼い日の自身の食い意地がこわい。

肝心の内容はというと、マナーにまつわる絵本だ。荒くれ者の「とんがりビル」に拳銃をつきつけられ、「どたまに　かざあな　あけてやろうか？」とすごまれたら、なんて言えばいいか。「ときどき　そうしたくなるので、うしろむきにあるいて」いて、ワニにぶつかってしまったら、なんて言えばいいか。シチュエーション別にズバリと教えてくれる。実用的(?)だ。作中世界にはクマのオーケストラもいて、どうやら人間も動物も一緒くたに、仲良く生活しているらしい。恐竜はたまに噛みついてくるようだし、クマも音楽を奏でているばかりではないのだが……。そのあたりもスリリングで、なんだか楽しそうな暮らしだ。

シチュエーションごとに海賊やお姫さまなどに扮し、なんて言えばいいかを実演してくれるのは、主人公の男の子と女の子だ。二人はどんな状況にあっても、相手がだれであっても(動物であっても)、丁寧に、けれどユーモアたっぷりに受け答えする。相手の姿形や身なりを見て態度を変えるなんて絶対にしないし、危機におちいっても、言葉による華麗な切り返しで飄然

№.22

三浦しをん・選

とくぐり抜ける。

私は大人になったいまでも、腹の立つことがあると、「とんがりビル」のセリフ、「どたまに　かざあな　あけてやろうか？」を心のなかでつぶやいてしまう。それに対する男の子の返答は、「いいえ、けっこうです」だった。そう言われちゃ、まあしょうがない。今回だけは見逃してやるか、という気持ちになる。やっぱり実用的だ。

自分とは異なる存在に敬意を払って、ともに生きる。ピンチやトラブルの際にもユーモアを忘れず、自分の思いや考えを言葉にして相手に伝える。いま読むと示唆に富んでいるなと気づかされる。かといって説教くささはまるでなく、絵と文がひたすら自由に生き生きと躍動していて愉快だ。

（2023年9月16日）

№.23

サヘル・ローズ・選

愛する言葉

岡本太郎、岡本敏子＝著

イースト・プレス

種ぬきの干し梅を食べると、ほっぺたの中に水分が溢れ出した。「あぁ、懐かしい味」と思わずセピア色の風景が脳内に広がるほどだ。そう、生命溢れる全てのものは、嗅覚、聴覚、感触と共に「懐かしい味」が共鳴し合っている。この懐かしい味には、旨味もあれば、苦味もある。

そんな事を考えながら本棚を整理していると、ふと目が合ってしまった。

初めて見つけた日もパチッと目が合ったのを思い出す。人生で初めて経験した、一目惚れの相手。私に言葉が持つ記憶の破片に触れるきっかけをくれた懐かしい一冊『愛する言葉』。

この本と出会った時の私は「愛」を知りたいというよりも、岡本太郎という鬼才が放つ言葉と彼を支えたパートナーの岡本敏子が編み込んだ言葉に触れたかった。

当時の私は、自分に自信が全

№.23

愛する言葉

くなかった。いや、今もないが、あの頃は今以上にネガティブっ娘《こ》だった。中学に上がってから、私は自信がなかった。同級生と会話が成立せず「変わってる子」「空気読めない人」で有名だった。

いつの間にか「タグ」だらけで人間として欠けている……とひたすら自分を貶《けな》していた。でも、この一冊から——二人から溢れる「信頼」と「個性」の共鳴が私の中で木霊《こだま》した。

そう、万人受けしなくていい、たった一人でも自分の表現、自分の言葉を愛してくれたら、それでいい。私を「わたし」として愛してくれる「存在」が一人いればそれでいい。

「信頼し合う」という言葉の本質もこの一冊でわたしは得られた。

誰かに期待をするのと、それを押し付けるのとは、意味が全く異なる。相手を変えようとするのが現代社会。わたしも、あなたも、急に自分を変えられない。なら、他の人を自分流に変えようとするのも筋違いではないのか？

信頼とは相手を変えるのではなくて、相手をありのまま愛せるかどうか。信頼は安易な会話からは生まれず、対話から育まれるもの。

『愛する言葉』で紡がれた岡本太郎と岡本敏子の「信頼」と「個性」の共鳴。女と男でもあり、戦友や同志でもある。両者の言葉がわたしの闇を肯定した。

私が今、言葉を愛せるようになったのは『愛する言葉』があったからだ。

（２０２３年10月７日）

№.24

村木厚子・選

「ハリー・ポッター」シリーズ

J.K.ローリング＝著　松岡佑子＝訳

静山社

子どものころから本と図書館が大好きだった。小学校の図書館にある本を読み漁り、中学生になると推理小説にはまった。高校3年生になると科目を選択できるので、授業を必要最小限にして、週に5時間の自習時間を確保して、すべて図書館で過ごした。

なぜこんなに本が好きだったのかと振り返って考えてみると、読書そのものの楽しさに加えて、本に顔をうずめてさえいれば

「ボッチ」でいることのつらさを感じなくてすんだからだと思う。人見知りの私にとって、読書は逃げ場だった。

社会人になってからは、人見知りはましになったものの、相変わらず本を読むのは至福の時間だった。そんな中、たまたま知人が「ハリー・ポッター」のシリーズを紹介してくれた。イギリスを舞台に、魔法使いの少年ハリー・ポッターと学友たちの学校生活や、ハリーの両親を

№.24

「ハリー・ポッター」シリーズ

殺害した張本人である強大な闇の魔法使いヴォルデモートとの因縁と戦いを描いた物語だ。翻訳が待ちきれず英語で読み、次に日本語で読み、スティーブン・フライによる英国版オーディオブックも含めると10回以上読み返している。これだけ繰り返し読んだ本は他にはない。

主人公の子どもたちはみな個性豊かで、欠点をたくさん持ちつつも魅力的だ。舞台となる全寮制の魔法学校には四つの寮がある。「勇気」を重視するグリフィンドール、「勤勉」を重視するハッフルパフ、「知性」を重視するレイブンクロー、「野心」を重視するスリザリン、すべての生徒が自分の個性にあった寮に振り分けられる。どんな子どもにも居場所があり、それぞれに成長できると感じられた。そして、子どもたちに輪をかけて欠点だらけの大人たち。それでも苦悩しながら生きていく姿が

№.24

村木厚子・選

いとおしい。

わが娘もこの本のファンだ。ちょうど主人公が魔法学校に入校したのと同じ11歳のころに映画に出会い、本も読むようになった。主人公と同時進行で年齢を重ねながら、物語を楽しんだ。学校が舞台だったので子どもなりに想像力が働くこと、そして心理描写が生々しいことが魅力だったという。娘とどの登場人物に自分を重ねるのか、誰にあこがれるのかなど話が弾んだ。実在の人物でない分、ここが好き、嫌いと躊躇なく話せて、思春期の娘の本音に多少なりとも触れることができた。一人でいるための道具だった読書が、コミュニケーションの道具となり、育児も助けてくれた。

（2023年10月14日）

№.25

玉袋筋太郎・選

青べか物語

山本周五郎＝著

新潮文庫

山本周五郎の『青べか物語』、今年56歳の私がこの作品を読んだのが30代の前半、読後感は「山本周五郎に触れることが遅すぎたよオレ!!」だった。物語はもちろんご存知の方が多いでしょうが「私」こと山本周五郎が青春時代を過ごした千葉県の浦粕《うらかす》（浦安）での物語。当時読み終え作品にウジャウジャと出てくる強烈な登場人物に「こういう人間いるなぁ」や「これはオレだ」や「どうしよ

うもねぇなぁ」と感じ、しかし最後は「でも、まぁ生きてりゃいいんだ！」と納得し、それまでの自分のダメな人生をこの物語に登場する「恥も外聞もなく」生きている剝き身の人間達と差っ引き、自己肯定した狡《ずる》い自分がいた。それぐらいにこの作品は、出会いこそ遅かったが私に生きる事を教えてくれた大切な一冊となったのだ。

世に出てない「私」こと山本周五郎は貧困と不安という鬱屈

№.25

青べか物語

を抱え浦安にたどり着き、そこで「青べか」という自分は欲しくもなかったが、半ば強引に小狡い老人に売りつけられた小舟から物語は出船する。その時の「私」にとってなんという不安な船出だろうか。「私」はその街で暮らす人間達との出会いに戸惑いながらも自分を見つめ人間達を描く。「ごったくや」と呼ばれる今で言えば「ボッタクリガールズバー」で働きながら、たくましく生きる「あばずれ」たち。「頭のあったかい」（すなわちバカ）と絶妙な喩《たと》えで称される女運に恵まれない「留さん」の物語などなど。山本周五郎も物語の登場人物と、当時何者でもなかった「私」を差っ引きながら物語を綴っていく。「恥も外聞もない」とは現世では許されなくなってしまった生き方だ。たとえ容姿がよく英知も備わった人間でも、沸き上がってしまってやらかしてしまう行動一つが「醜聞」となってしまう。やらかしてしまった当人は自分では見たことも聞いたこともない「世間」などという良識の御旗をかかげ嘲笑している人間に叩かれ続けるだけである。そんな現代の窮屈さを微塵《みじん》も感じさせない浦安の人間達こそ本来の人間の姿なのだ。

今回のための再読後感。生きていて決して眩《まばゆ》いスポットライトなどに照らされない当時の浦安の人間達を「私」の目線から発せられる光線で照らした山本周五郎のこの作品。「煌《きら》びやか」とは程遠いが、光を当てられた人物達は、現代の浦安にある「夢の国」なんぞで夜毎開かれるエレクトリカルなパレードよりもファンタジーに溢れていたのである。嗚呼《ああ》、恥も外聞もなく生きてぇなぁ〜。

（2023年10月28日）

№.26

千早茜・選

ヨーロッパ退屈日記

伊丹十三＝著

新潮文庫

先に映画を知っていた。子供にバラエティ番組より映画を見せる家だったのだ。両親は「伊丹監督」と呼んでいたし、脱税の意味はまだわからなかったが『マルサの女』の主人公は格好良いと思っていた。この世で「監督」と呼ばれる人間は映画界の中で一番偉く、故に偏屈で尊大な老人なのだろうと子供心に思っていた。「伊丹監督はすごいこだわりの人らしい」と父か母が言っていた記憶

がぼんやりとある。

「監督」が亡くなったのは、確か私が高校生の時だった。その頃には家のテレビでワイドショーを流すようになっていて、好き勝手に報道される憶測はあまり気分のいいものではなかった。「監督」は私の中で死んだ人になった。

　その何年後か、二十代の私は『ヨーロッパ退屈日記』を手に取る。きっかけは表紙がお洒落に思えたからだった。帯の文句

№.26

ヨーロッパ退屈日記

も二十代の自意識をくすぐった。数ページ読んで語り口に魅了された。ちょっと気障《きざ》で、一読ではわからないような意地悪と人を食ったような冗談に満ちている。そのくせ軽妙に一九六〇年代ヨーロッパの華やかな生活が描写されていて、それがなんとも洒落ていた。読んだ当時は二〇〇〇年代だったので、さすがにアルデンテは知っていたが、カペリーニを冷や麦の代わりにするなんていう発想はなかった。度肝を抜かれながらも愉快な気分だった。エッセイの妙味に目覚めたのだ。「監督」は確かに偏屈だった。けれど、苦虫を嚙み潰しているような気難しさとは違い、可笑《おか》しみと皮肉があった。そして、言語や服装に対する徹底した美意識が。

私は小説を生業《なりわい》にしているが、五年ほど前から『わるい食べもの』というエッセイも書いている。なぜかシリーズ化もしていて三冊刊行されている。食べものにまつわるこだわりや疑問をつづっているのだが、時々、こんな文章を誰が喜ぶのかと不安になる。そんな時は「監督」のエッセイをひらく。まるで及ばない偏屈さとこだわりぶりに、自分を貫いていいと肯定されたような気分になる。

エッセイは書き手の時間を止める。本書に描かれた一九六〇年代の「監督」の日々はページをめくれば鮮やかなままだ。悪口を言っている時ほど生き生きする人がいるが、本書の中の「監督」もまんざらでもない気がする。私はそんな人が好きだ。エッセイは書き手を近くに感じさせてくれる。

ちなみに、二十代の時に憧れた茹でアーティショーはまだ食べられていません、監督。

（2023年12月2日）

№.27

石山蓮華・選

苺をつぶしながら

田辺聖子＝著

講談社文庫

私が発する「いちご」のイントネーションは変わっているらしい。この小説のタイトルを口にしようとすると、私はちょっと緊張し、一拍考えてしまう。

一般的に関東では「ぶどう」と同じ平板のイントネーションで発音するが、物心ついた頃から「秩父」と同じ頭の音が上がるイントネーションが普通なのだと思っていた。指摘されるまで、人とのずれに気が付かない

ことはよくある。なかでも、話した途端に消えるイントネーションは、その瞬間に摑んでわざわざ確認しないとまず気付けない。

田辺聖子の代表作・乃里子三部作は70年代から80年代に書かれた。

登場人物はみな大阪弁で話す。軽やかで芯のある乃里子は、ちゃきちゃきとした大阪弁でよく喋り、よく働き、惚れっぽい。気の合うお金持ちの色男・剛《ごう》は、

№.27

苺をつぶしながら

傲慢と自信が端々にあふれる関西弁で、渋めの文化系中年男・水野も余裕のある関西弁でタイトル通り『言い寄る』。

シリーズを通し印象的なのは、乃里子の事務所や、別荘などの描写だ。どの建物も素敵で、森の湿度、骨董の乾いた手触り、油絵の具や高級石鹸のにおいまで感じられ、旅へ出たように心が躍る。

続く『私的生活』で、乃里子が剛との結婚生活を送るマンションは、まさに贅沢品。海が見える大きなベランダや雪白の絨毯、豪華な装飾品の数々は夢のよう。

しかし、乃里子はしがらみばかりの窮屈な生活にスポイルされ、自分だけの事務所まで手放す。あうんの呼吸で喋っていたふたりが、冷めた言葉を口にし、全てがしぼむ。女友達のように思って読んでいた私は、彼女がふっと静かになって、なんと

№.27

石山蓮華・選

声をかけたらいいかわからない。

　そこからの『苺をつぶしながら』で、彼女はまたのびのびした大阪弁でよく喋る。一人でいたって、人はこんなに喋り、考え、懐かしい夜を思い出してまた笑うのだ。このタイトルも、乃里子と私ではきっと別のイントネーションで発するのだろう。

　苺に冷たいミルクをかける彼女の姿を浮かべていたら、数年前の元旦、仕事の後に一人きりでテレビを見ながら、お持ち帰りピザをホールで食べたことを思い出した。

　ピザは最高だったけれど、あの部屋の家賃は自分では払っていなかった。


（2024年1月6日）

東直子・選

食卓の音楽
新装版

杉﨑恒夫＝著

六花書林

聖歌隊胸の高さにひらきたる白き楽譜の百羽のかもめ

たくさんの空の遠さにかこまれし人さし指の秋の灯台

かなしみよりもっとも無縁のところにてりんごの芯が蜜を貯めいる

杉﨑恒夫さんの第一歌集『食卓の音楽』には、こんな瑞々しい短歌がたっぷり詰まっている。聖歌隊の楽譜をかもめに見立て、灯台を人さし指に見立て、かなしみと林檎の蜜を対照させる。

いつかどこかで目にしたものが、新しい存在感で立ち現れ、世界の見え方が変化する。ほんのりロマンティックでのびやかで孤独で清々しい世界へと。一行の詩だとつくづく思う。

　これらの短歌が六〇歳を過ぎて作られたのだと知ったときは驚いた。年齢のいった方の歌は、自分が歩んできた人生の体験を主張するタイプのものが多い印象だったが、杉﨑さんの短歌には、全くそれがない。日常の中

№.28

食卓の音楽

で発見した普遍的な美しい気づきを三一音の歌にして届けてくれるのだ。一九一九年の生まれで、若い時を戦争に巻き込まれた世代だが、その苦しみを直接詠んだ歌はない。音楽を、天体を、植物を、食卓を、愛すべきものものを歌にした。
実は杉﨑さんは歌誌「かばん」の先輩で、初めてお会いしたのは東京・入谷の公民館で行われていた歌会の場だった。お茶の係をされていて、魔法瓶と共にひょうひょうと部屋に入ってこられた。とても博識だけれど、謙虚で優しくて紳士的で、皆、作品も人柄も大好きだった。
ティ・カップに内接円をなすレモン占星術をかつて信ぜず
『食卓の音楽』の冒頭の歌である。紅茶に浮かべたレモンに「内接円」を見出す視点がクールである。さらに下の句では、宇宙の星の動きから人の運命を占う「占星術」のイメージへと広げる。その上で「信ぜず」とそれを拒否していた自分を回想する、という構図になっている。きっぱりとした言い方に、若さゆえの潔癖さが窺える。「かつて」なので、今は占星術を信じているということか。非科学的なものも頭から拒否するのではなく、ゆるやかに受け入れるようになった自分に対する感慨だろう。

杉﨑さんがこれらの歌を詠まれた年齢に私も近づき、明るい光を放つ歌の底にたゆたう悲しみがいっそう切実なものに感じられるのだった。

（２０２４年１月27日）

№.29

星真一・選

グリーン・レクイエム
新装版

新井素子＝著

講談社文庫

町の本屋がどんどん閉店している、と言われるようになって久しいけれど、わたしの子ども時分の東京では小学生が一人で自転車に乗って行ける距離に幾軒かの本屋のあることが普通だった。忘れもしない、卒業式を間近に控えた早春のある日、ふだんは行かない隣町の本屋に遠征しようと思い立った。思春期の入口に立つ少年ならではの自意識で同級生はむろん、近所の人にも鉢合わせしない場

所で心ゆくまで本を選びたかったのだ。

知らない本棚をあれこれ眺め、すみずみまで堪能して店を出たわたしが意気揚々と小脇に抱えていたのが、新井素子『……絶句』の上下巻だった。文芸の棚で表紙に吾妻ひでおが描いたキャラクターたちと目が合ってしまい、どうにも離れがたくて家まで連れ帰ったのはいいけれど、親には「難しすぎる」と不評でじっさい、メタフィクションを

№.29

グリーン・レクイエム

駆使したテンションの高いＳＦは子どものわたしにはまるで歯が立たなかった。おかげで新井素子という著者名と、その独特な文体はトラウマみたいに胸に刻まれることになったのだけれど。

　そのあと『グリーン・レクイエム』に出合って遅ればせながら新井素子の大ファンになるまでに季節はいくつか巡るのだったが、１９８０年代の半ばは新井素子の時代だったと言っても過言ではなく「星へ行く船」や「ブラック・キャット」といった人気シリーズはもちろん、『ひとめあなたに…』『二分割幽霊綺譚』のような忘れがたい傑作を読んだ日々がなければ、後に書店員という仕事を選ぶことはなかった。いまはもうない、あのときの本屋の佇《たたず》まいを感謝とともに憶えている。

『グリーン・レクイエム』はＳＦ的な設定下のボーイミーツ

№.29

星真一・選

ガールを描いた、甘く切ないファンタジー。『緑幻想』という後日譚が書かれていてこれらの合本も発売されたことがあったけれど、もしも興味を持って新たに手にしてくださる人がいれば高野文子のカバーイラスト（作中のイメージより少し軽やかでずっと健康そうな緑の髪の主人公）を目印に講談社文庫を探していただきたい。表題作の外に二篇の中短篇が収められ、なかでも海で拾った小瓶から出てきた悪魔が三つの願いを叶える『宇宙魚顚末記』は、登場人物の生きたいという意志が表題作の主人公の脆《もろ》さと合わせ鏡になって全体の読後感を変える。新井素子をライトノベルの源流に位置づける向きもあるが、世界や人を見つめる目の大人びた深さとポエジーの滲む作風はだれの手も届かない、稀有な才能だった。

（２０２４年２月10日）

№.30

加藤木礼・選

生物から見た世界

ユクスキュル、クリサート＝著　日高敏隆、羽田節子＝訳

岩波文庫

みんなと同じ、ということがよくわからないまま、この歳になった。私が見ている世界と、隣にいる人に見えている世界ははたして同じなのだろうか。あの人に見えている世界を見ることができる眼鏡があったらいいのに、とよく思っていた。それなので、『生物から見た世界』を読んでとても納得したのを覚えている。

動物学者のユクスキュルによって、ゾウリムシからハエ、ミ

ツバチなどの昆虫、ヤドカリ、魚、鳥、モグラや犬、人といった哺乳類をはじめ、さまざまな生物がどのように世界を知覚しているか、クリサートの親しみやすく明快な絵とともに本書では語られていく。

具体的な事例のひとつひとつがおもしろく、視覚と聴覚のないダニは、哺乳類が発する酪酸の匂いと体温から獲物を察知して、吸血行動に至るという。また、同じ室内にいるハエと犬と

№.30

生物から見た世界

人間に、その部屋がどう見えているのか。

ヤドカリの貝殻に付いたイソギンチャクはイカからヤドカリを保護する働きがあるのに対して、貝殻を失ったヤドカリはイソギンチャクを居住先と捉え、飢えたヤドカリにとっては捕食の対象になる、というように状況に応じて、認識が変わるのも興味深い。

森のカシワの木の樹皮に、人間の顔に似たこぶがあった。年老いたきこりは木を伐採するかを考えていて、樹皮には目もくれない。幼い子どもはカシワの木に怒った顔で睨まれたように感じて怖気づく。木の根元に巣穴をかまえるキツネにとって、カシワの木は住まいを守る屋根になる。同じく木を寝床にするフクロウには、カシワの枝が自らを保護するものとなる。その枝はリスが木を登る足がかりとなり、小鳥には巣に必要な支え

№.30

加藤木礼・選

となる。アリはひび割れた樹皮の裏に暮らし、カミキリムシは樹皮に穴をあけて卵を産み、そのなかで幼虫が育つ。一本のカシワの木を取り巻く、数多《あまた》の生物から見た混沌ともいえる認識が描かれるさまは圧巻だ。

隣の人と私は同じ人間なので、生物種が異なるものたちより近い知覚のもとに生きているものの、個体や経験による差異があって、おそらく見えているものはみんな違うのだろう。同じ個体である私から見た世界が常に同じかというと、たぶん違う。こうして多様な生物、さらには個体に、世界がそれぞれ見いだされ同時に存在していることの豊かさが、いとおしく思えてくる。

（2024年3月2日）

№.31

けんご・選

老人と海

ヘミングウェイ＝著　高見浩＝訳

新潮文庫

※角川文庫などからも刊行

福岡県で生まれ育った私は、大学進学を機に上京した。読書の魅力に気づいたのはそれからである。私には幼少期からの読書経験がなかった。以降、それを補塡するかのように、主に大衆作品を中心に、次々と小説を読んでいた。

それなりの冊数を読んだ後、少々背伸びをしてみたくなった。具体的には、古典と呼ばれる小説や、純文学、翻訳小説に興味を持ったのである。硬派な印象

のある作品を読むことで、自尊心を満たそうとしていたのは内緒にしたい。

行きつけの書店に向かい、普段、手に取らないような小説を物色する。すると、文庫コーナーで、手書きのポップが目に入った。そのポップには、「ノーベル文学賞受賞」と書かれていた。それに導かれるように手に取ったのが、『老人と海』である。初めて読んだ海外文学作品であり、私が憧れる人物が

№.31

老人と海

主人公の小説だ。

物語を簡単にご紹介しよう。とある港町で漁師をしている老人は、一匹たりとも獲れない日が数十日間も続いていた。老人には、歳の離れた相棒の少年がいる。共に船に乗り、漁をしているのだ。しかし、少年の両親は、不漁続きの老人に痺れを切らしたのか、「あのじいさん、もうどうしようもないサラオ（スペイン語で「不運のどん底」）だな」と言って、我が子を老人の船から降ろしてしまう。それでも、老人の心が折れることはなかった。周囲の言葉など耳に入っていないかのように、いつもと変わらぬ調子で海へと漕ぎ出す。

ついにその日は訪れた。不漁が続いてから八十五日目にして、ようやく老人の網に獲物がかかったのだ。ただの獲物ではない。見たこともないほどの大物であったのだ。

ここから物語は、老人と大魚による、数日間にも及ぶ闘いが描かれる。言ってしまえば、それだけだ。派手な事件が起こるわけでもなく、物語は実に淡々と進んでいく。にもかかわらず、心から震え上がるほどの読書体験となり、『老人と海』は私に確かな活力を与えてくれた。

どれほどの困難があろうと、老いてしまったとしても、他人に批判されようと、信念だけは曲げずに立ち向かう老人のような勇敢な人間になりたい。何度読み返しても、読後にはそんなことを考えてしまう。

老人と少年の関係性、そして作中に登場するとある動物にも注目しながら、この名著を読んでいただきたい。

（2024年3月16日）

№.32

木村草太・選

ボクの音楽武者修行

小澤征爾＝著

新潮文庫

小澤征爾さんの訃報に触れ、とても寂しかった。そして、ある本のことを思い出した。大学の助手になり、学問の修業を本格的に始めた頃のこと。「修業に大切なことは何だろう？」と、先人たちの修業時代が書かれた本をいろいろ読んだ。どの本もそれぞれに素晴らしい。その中でも、ダントツに面白く感じたのが小澤征爾『ボクの音楽武者修行』だった。20代の小澤さんが渡欧し、ブザンソン国

ボクの音楽武者修行

小澤征爾

際コンクールで優勝、ＮＹフィルの副指揮者になって凱旋帰国するまでが描かれる。

　小澤さんの修業は、大胆不敵の連続だ。伝手《つて》を辿ってフランス行きの貨物船に乗り込んだはいいが、通う音楽学校や指揮するオケが決まっているわけではない。あるのは、知人がくれたスクーターだけだ。英語もフランス語も不得意だが、船の中で必死に勉強してなんとかする。コンクールの手続きの不備が見つかると、アメリカ大使館の知人にかろうじて話を通してもらう。そうやって滑り込み参加したコンクールで、優勝してしまう。ただ、フランス語の優勝インタビューには答えられないので、急遽、友人に通訳を頼む。

小澤さんは屈託のない笑顔で、音楽家はもちろん、道で出会った人とまで、片っ端から友達になってしまう。本書の登場人物の中で、その笑顔に屈さなかったのは、おしゃべりを邪魔されて不機嫌になった名指揮者ミュンシュと、NYフィルの監視役の秘書であるヘレンさんくらいだろう。

小澤さんは、なぜあれだけのことをなし得たのか。バーンスタインやカラヤン含め、本書の登場人物の誰もが、小澤さんの「破天荒の才能」を認める。斎藤秀雄直伝の指揮技術の精度も抜群だ。ただ、才能と技術だけではないのではないか。

№.32

木村草太・選

スコアに全力で集中し、会いたい人には、国境を越え、大洋をも越えて、会いに行く。そこから伝わってくるのは、音楽への強い意志だ。どんなにすばらしい才能と技術があっても、意志がなければ開花しない。修業には強い意志が必要だと、私は肝に銘じた。

現在の私たちは、小澤さんの成功を知っているから、安心して本書を読めてしまう。しかし、無名の若者の手記だと思って読んだなら、「頼むから、もう少し計画的に行動してくれ」と叫びたくなるだろう。そのハラハラこそが面白さの源泉であり、帰国のシーンを感動的にさせる。これからも、「世界のオザワの成功記」ではなく、「強い意志を持つ若者の挑戦の書」として読まれてほしい。

（2024年4月6日）

3

たのもしい本

№.33－№.50

№.33

鈴木涼美・選

新装版
なんとなく、クリスタル

田中康夫＝著

河出文庫

アゲハのイベントでデュラスの浴衣を着ようと腰紐を探したら見つからず、あえてクイーンズコートのワンピで行こうかとも思ったが、ちゃんと探したらラブボのショッパーにまとめて入れてあった。という2003年7月の私の無内容な日記は、その時代に東京で10代を謳歌していた人にはそれなりに響くと思うのだけど、それ以外の人に丁寧に翻訳して差し上げるとこうなる。新木場という

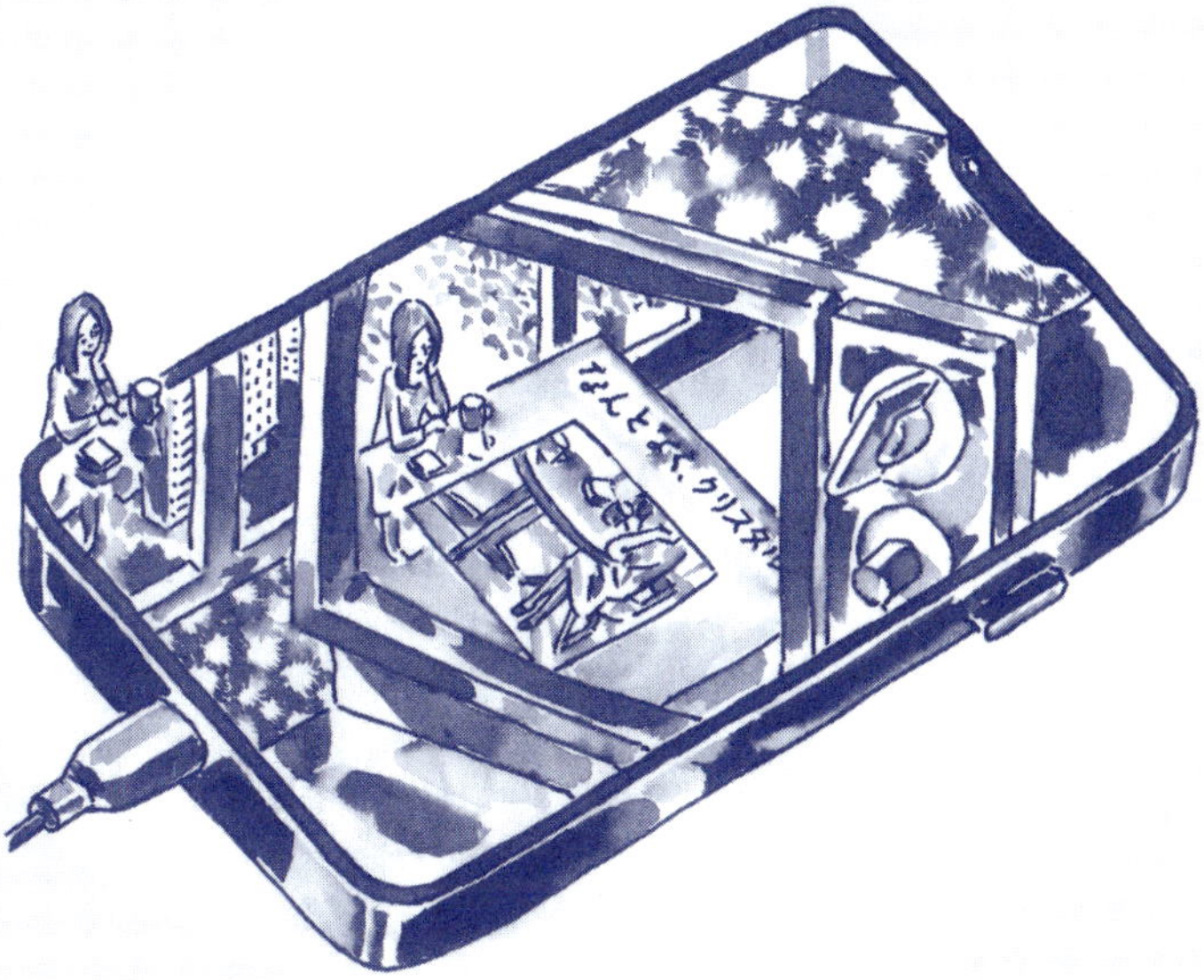

若干行きにくい場所で開かれるぶん、都心部よりも豪華で大規模だったクラブイベントに、当時のキャバ嬢に人気だったギャルブランドの浴衣を着て行きたくて腰紐を探したが見つからないので、あえてお嬢様風の大学生がこぞって着ていた店の服で、今夜はモテに注力しようかなとも思ったが、ちゃんと探したら女子高生の頃に皆がよく持ち歩いていた洋服屋の袋にまとめて入れてあった。物書きとしての

№.33

なんとなく、クリスタル

私の仕事は前者から後者に、あるいは後者から前者に、素早く、的確に言い換えることから始まった。そしてその仕方を私は442個もの注が付けられたこの小説で学んだ。

100万部を超えるベストセラーだが、あらすじや結末をしっかり覚えている人はそう多くない気がする。女子大生でモデルの主人公がなんとなくいけすかない生活を送っていたことは覚えていても、彼女が何を思って何をしたかなんて忘れた。清々しい無意味を生きる彼女の周囲にはしかし、あらゆる意味を背負った無数の固有名詞が存在する。まるで生きることの無意味を埋めるかのように。初めて読んだとき、私は私の問題が、この生活と固有名詞の関係にあったのだとわかった。似た服でも原宿の店で買うか渋谷の店で買うかは90年代に女子高生になった私たちにとって大問題だった。それを説明するのは私の生

№.33

鈴木涼美・選

活だけでもなく、固有名詞の解説だけでもないのだった。

40年以上前に書かれた注は今読めば違和感だらけだ。例えば注152のディオール「今や、ブランド物バッグを初めて買う子が一番買い易いのが、ジャガード織りのディオールのバッグ…」。2023年現在では思い切ってAVデビューしたとしてもなかなか買えない高額商品。

この違和感はこの小説を古臭いものとして葬り去る理由にはならない。むしろ読み返すたびに心強くなる。自分らの身体や生活に貼り付けられた意味が、すぐに剝がされて新しいものに変わっていくのなら、時代の変化ほどエキサイティングなことはないじゃないですか。

（2023年5月27日）

№.34

草野仁・選

人間の條件

五味川純平＝著

岩波現代文庫

その本を読んだのは今から63年も前、私が高校2年生のときだった。当時ベストセラーとして話題だった五味川純平さんの『人間の條件』を読み始めたら、途中で手を離せなくなった。

時は昭和18年、軍の声高な発表とは異なり、戦局は次第に日本が米軍に追い込まれることが多くなった頃である。冷静で民主的な考え方の主人公・梶《かじ》は旧満州の会社で労務管理を担当し

ていたが、能力を買われ鉄鉱山「老虎嶺」へと転勤を命じられた。同じ会社に勤めていた美千子と結婚して老虎嶺鉱山へ向かうことになった梶。それはこの仕事を担当している限り、軍に召集されることはないという条件が暗についているからであった。しかし「老虎嶺鉱山」は大変な最前線だった。

　鉱山で働く人間のほとんどは日本が事実上支配している満州人であり、数少ない日本人が手

№.34

人間の條件

配主となって、満州人の工賃を掠め取り、とてつもない低賃金で働くことを強いているのが実態であった。梶はそのような条件をできるだけ改善しようと努めるが日本軍のために日本人が支配している鉱山である以上、うまくいくはずもない。その上に、日本軍との戦闘行為で捕虜となった満州人を特殊工人という名目で強制労働させよと更なる重しをかけられるのだ。

そして、その延長線で特殊工人の脱走事件が起きる。330ボルトの高圧電流を通して、鉄条網を張っているのに、そのような事件が起きたのである。トラブルが大きくなって憲兵隊が登場し、脱走を図った特殊工人を見せしめにと軍刀で斬殺する。梶はその場でやめてくれと身をもって憲兵隊員に迫った。梶にとって、それだけは人間として許されないことだからだ。

召集されないという条件で労務管理に力を尽くし、満州人達

№.34

草野仁・選

をできる限り平等に扱おうとした彼の試みは折られてしまったのだ。思い余って、梶は特殊工人の中にいた元大学助教授に「私はどう生きれば良いのか」と問うた。返って来た答えは「人間として人間らしく生きるしかない」というもの。これが五味川純平さんが読者に訴えたかったことなのだと感じ、何度もそのことを問い返しながら生きて行こうと決意したものだった。ベストセラーになったものの文学的にはあまり評価が上がらなかったといわれているが、今新たに読み直してみても、会話も心の表現も本当に生き生きとしていて心を揺らす、すごい文章力の小説だと感じ、心から拍手を送りたいと思う。

（2023年6月3日）

№.35

川畑博昭・選

憲法なんて知らないよ

池澤夏樹＝著

集英社文庫

「憲法なんて」と一片の興味さえ向けなかった二〇代はじめの僕は、当時住んでいた南米のペルーで、一晩で憲法が吹き飛ぶ現実を目にした。クーデターだった。そして、多くの人たちがこれを支持する光景はクーデター以上に、僕に衝撃を与えた——なぜこんな事態を支持するのだろう、と。それを理解したい一心で、すぐに現地で、スペイン語で書かれた憲法の本を読み始めた。日本から見

れば辺境にある地から憲法を考えようと決めた自分の原点だった。この本が世に出るのは、その経験から一〇年後。なのに僕は、読み返すたびに三〇年前の原点に引き戻される。

　同じタイトルの単行本には文庫版にはない副題――「――というキミのための『日本の憲法』」――がある。これは英文の日本国憲法を翻訳し直した「新訳日本の憲法」なのだ。そして「キミ」に向けられる「ま

№.35

憲法なんて知らないよ

えがき、あるいは『つまり、こういうことなんだ』で著者は、国家でも王様でもない、その地に住まう人と生活にまなざしを据える。それは憲法を「抽象的な分だけ日常的」だと視《み》る眼であり、この眼は前文の翻訳で際立つ。

息継ぎができないほど長い今の日本国憲法前文は、「私たち日本人は、国を動かす基本の力は国民みなが持ち寄って生まれるものであることを、まず宣言する。」と簡明に訳出され、「政府は、国民みなが信じて託した一人一人の大事な気持ちによって運営される。」と、国政の箇所には「一人一人の大事な気持ち」が込められた。よく知られた平和的生存権は、「世界中のすべての人々は、平和で自由な社会の中で、恐れやものの不足に悩まされることなく生きられるはずだ、と私たちは考える。」のだと、私たちの意思が明確に示される。

№.35

川畑博昭・選

翻訳なしにはあり得ないこの本は、南北世界を歩き、その地の人にふれてきた池澤氏にしか書けなかった。ある法文を生み出した文化と翻訳を介してその文章が向かう先の文化との間に流れる川、そこに架ける橋、なお残る隙間。それに自覚的であり続ける著者は、翻訳を「架橋の限界を嘆くことでもあるらしい」と見定めた。辺境の地の憲法研究で悶える僕の心を射止めた一文だった。これからも真剣に嘆き続けよう！　それが、国の壁を越え、憲法に乗って世界の人たちとつながる方法なのだから——そう思うたびに僕はいつも、何度か訪れたスペイン領の島に建つ日本国憲法九条の碑を思い出す。そして無性に、池澤訳をスペイン語訳してみたい思いに駆られるのです。

（2023年6月10日）

№.36

山田ルイ53世・選

苦役列車

西村賢太＝著

新潮文庫

3年続いた感染症対策が見直され、筆者がパーソナリティーを務めるラジオ番組でもアクリル板が撤去された。「やっと戻りましたねー！」と久々の「日常」を噛み締めるスタッフに、「ねー！」と頷きながら、（また〝直〟で対峙するのか……）とため息を吐く。楽屋挨拶や打ち上げは控えましょうというご時世を、もともと人付き合いに疎い我が身の免罪符として都合よく利用していたからだ。

コロナ下の方が気楽だった、などと溢《こぼ》してはお叱りを受けそう。ただ、この歪《いびつ》な心境を分かち合える人物に、1人心当たりがあった。

……北町貫多《かんた》である。

西村賢太氏による私小説の主人公。中卒、港湾での荷役労働、友達や恋人とは無縁の閉塞した日々……「世間に入っていけない」社会不適合者の半生が、かつての自分と重なった。

中2の夏から不登校、そのま

№.36

苦役列車

ま、6年に及ぶひきこもり生活。大検を取得し地方の大学に潜り込むも、ある日、周囲の誰にも告げず失踪同然で上京したのが、21歳の春である。中高一貫の名門校に通っていた時分、「山田君は東大に行ける」と担任から太鼓判を捺《お》されたこと、それを聞いて喜ぶ両親の顔がよみがえり、涙が出た。ちなみに、父母ともこの30年顔を合わせていない。

建築現場の荷揚げで日銭を稼ぎ、家賃8000円の三畳一間で雨露をしのぐ。貴族キャラでなんとか日の目を見たが、現状サッパリの一発屋。そんなわけだから、芥川賞に輝いた西村氏の著作の噂を耳にし、「俺のことだ！」とおこがましくも、親近感を抱いたのはお許しいただきたい。ガラスの靴を履いたときのシンデレラさながら、「苦役列車」なるタイトルがしっくりきたのである。

№.36

山田ルイ53世・選

「人生が余った……」という虚無感。

クリスマス、お正月、誰かの誕生日……「普通」には手が届かぬ存在と化す辛酸を、貫多、つまりは、西村氏も舐めている。砂抜きを怠ったアサリよろしく、ジャリジャリとした文章、そのみっともなさ、情けなさに救われた。

2021年、週刊誌企画で、氏と対談が叶う。「まだ書きたいことは山ほどある」と語って1年もせぬ内の急逝を悼む一方で、「らしいな……」とも思った。何の節目でもない、訳の分からぬ地点での終幕。不謹慎は承知だが小気味良い。

生き様＝文学の私小説家としては真骨頂……西村賢太は最後まで筆を握っていた。


（2023年7月8日）

№.37

山根基世・選

桜桃とキリスト

もう一つの太宰治伝

長部日出雄＝著

小学館P+D BOOKS

中学・高校時代、太宰病にかかっていた。なぜか太宰治の小説を読むと、尾てい骨の上の辺りがくすぐったいような不思議な感覚に包まれた。『斜陽』や『ヴィヨンの妻』など主人公の女性が語りかける文章は、肌にしみ込むようで、痺れるような快感があった。なぜそうなるのか、謎だった。だが社会に出てしばらくは、太宰を忘れていた。

太宰に再会したのは、NHK

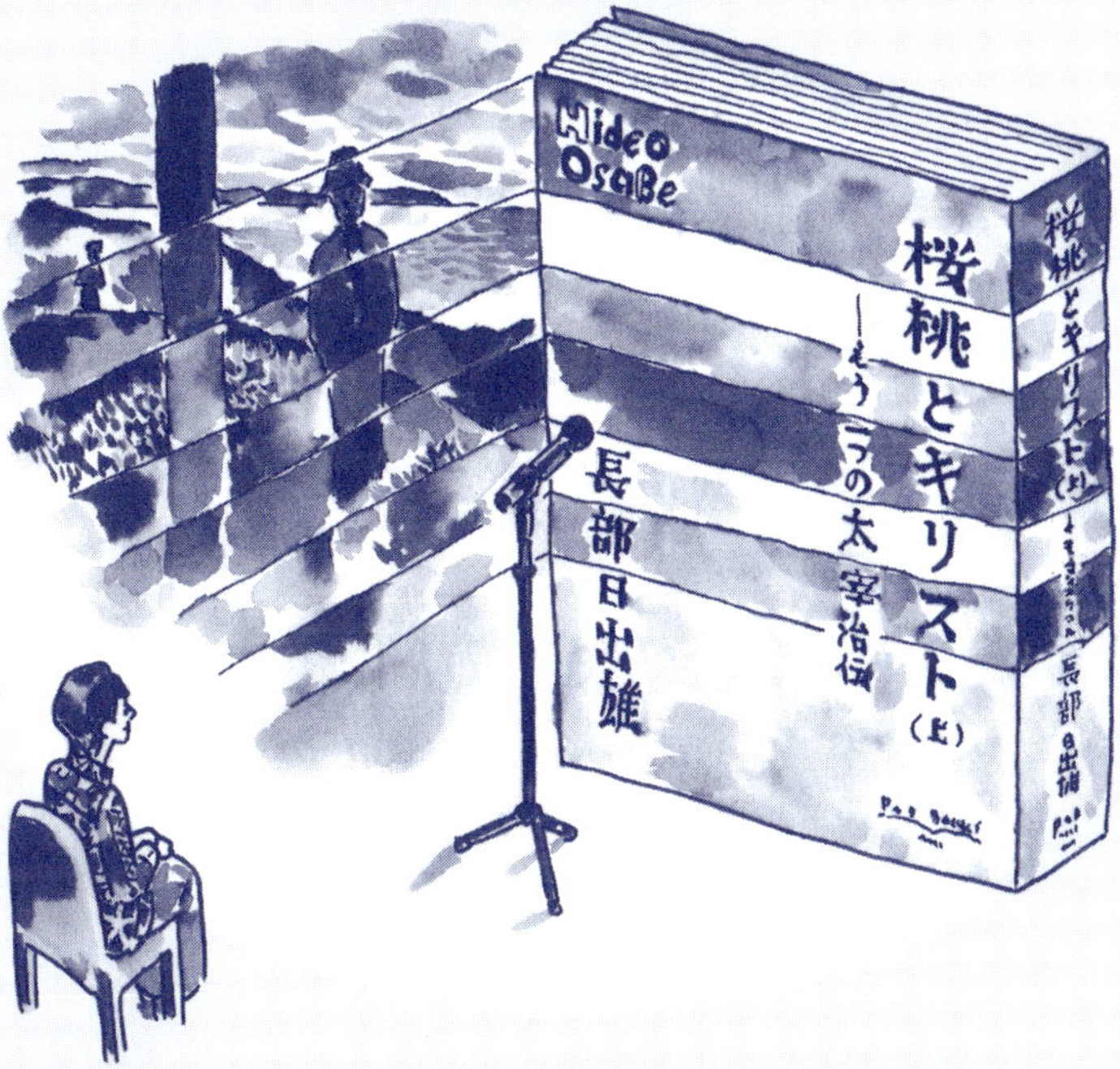

でニュース番組などの現場を離れ、朗読なども担当するようになった四十代の半ば。太宰の作品を声に出して読むと一段と深い味わいがあることに気づく。文章の奥に太宰自身の声が潜んでいるように思えた。若い頃惹きつけられていたのは、その「声」の力だったのではないか?と考え始めていた。

　ちょうどその頃、2002年、『桜桃とキリスト』出版を前に、文藝春秋の依頼で著者の故・長部日出雄さんとの対談の機会を頂いたのだ。太宰と同じ津軽出身の長部さんの『辻音楽師の唄』に続く「もう一つの太宰治伝」。太宰関係の本で、これほど心に深く刻まれたものはない。一冊丸ごと発見と驚きに満ちていて、この本によってやっと太宰病の謎も解けた。

太宰は幼時、母がわりの叔母きゑに夜ごと添い寝してもらい、韻律・旋律を帯びた津軽弁の昔噺《むかしばなし》を聞かされていた。弘前高校時代にはとりつかれたように義太夫に熱中した。酒が入って機嫌のいいときには妻・美知子の前で歌舞伎の声色を使ってみせた、などの事実を挙げ、長部さんは「彼の文体には話し言葉による日本の口承文芸の遺産が受け継がれている」ことを指摘する。そして太宰の文体は「表面的には散文のように見えて、じつは心中で音読するうち、肉体の奥深くに潜む生理的な快感を

№.37

山根基世・選

呼び覚ます詩であり、音楽である」と深い洞察を示すのだ。私は思わず膝を打った。そう、そうなんだ。まさに私は、そのように太宰に惹かれていたのだ。しかも彼の作品には彼自身が声で語る口述筆記が少なくない。作品の奥に太宰の声が潜んでいるのは間違いないと確信した。

長部さんに直接お話を伺う機会を頂いたのは、まさに僥倖。長部さんとこの本とのご縁に深く感謝している。以来、長部さんは私の太宰朗読の師。津軽が舞台の小説『魚服記』の父娘の会話に悩んでお電話すると、「あなたの電話は今録音できますか？　じゃ、読みますよ、いいですか」とお手本を示して下さった。調べの美しい温もりのある津軽弁だった。

（２０２３年８月５日）

№.38

山崎怜奈・選

クローズド・ノート

雫井脩介＝著

角川文庫

蜜柑の果肉が奥深くまでぎっしり詰まった、マーマレードのようなボディ。主人公・香恵《かえ》の愛用品として出てくる万年筆「ドルチェビータ・ミニ」を、私は何度も店に見に行き、試し書きまでさせてもらった。インクは、たしかブルーブラックだったと思う。

インクを使って書く道具の原形は、古代エジプトで誕生したらしい。七世紀頃に欧州で鳥の羽根を使った「羽根ペン」が誕

クローズド・ノート
Closed Note

生し、千年以上にわたって使われ続けたが、書くたびにペン先をインクにつける「つけペン」は不便。現在主流の万年筆の形が登場したのは第二次世界大戦前。しかし、戦後にボールペンやサインペンが普及すると、万年筆は筆記具業界の中心から外れていった。

そう、万年筆は手間がかかる。私も中学生の頃から、力を入れても折れないシャープペンシルなど、効率的かつ機能的な文房具に目がなかった。それがいつしか、言葉を残したり伝えたりしようとすると、私たちは何でもタイピングをするようになり、スマホがあれば脊髄反射的にメモを取れるからと筆記具を持ち歩かなくなった。しかしキーボードを「叩いて」文字を生み出すのは、「書いて」記すこととは全然違う行為ではないか。

万年筆で字を書くと、本体の重さからか、すーっと文字が流れ出ていく感じがする。インクの濃淡や滲み具合に気持ちが表れ、文字が乾くのを待つ時間にも趣を感じる。蓋を外しっぱなしにしすぎると水溶性のインクが蒸発して書けなくなってしまうので蓋をこまめに閉じないといけないのだが、機械式時計やフィルムカメラに似た「わざわざ手間を費やす感じ」や「丁寧に扱わないといけない感じ」は、書くという作業を特別なものにしてくれる。

紙の上で文字が揺蕩《たゆた》うような感覚を、『クロー

№.38

山崎怜奈・選

ズド・ノート』は思い出させてくれる。

とはいえ、いくら万年筆で丁寧に記した日記だったとしても、誰かに盗み読みされるのは非常に耐え難いものがある。我が家に母が出入りする限りは鍵付きの引き出しで管理しなければ気が済まないし、それが面倒になって最近は日記を書かない日が続いている。墓場まで持っていくような話もそれなりに書いてある、それが日記だと私は思う。もしあなたが引っ越しをして、備え付けのクローゼットに見覚えのないノートが取り残されていても、それが前の住人が忘れていったものだと仮定したとしても、ほんの出来心なんかでは開いてくれるな。

（2023年8月12日）

№.39

伊澤理江・選

ドナウの旅人

宮本輝＝著

新潮文庫

ある年の冬、私は迷っていた。

会社に辞意を伝えたものの、退職後の身の振り方は決めかねていた。ひとり静かに考える時間を、と休暇を取ってドイツへ向かった。その旅を共にしたのが宮本輝の『ドナウの旅人』だ。

舞台は、ベルリンの壁が崩壊する前の西ドイツ。そこを起点に2組の男女がドナウ河に沿ってヨーロッパを横断する。旅の目的を秘めたまま、河が流れ込

む黒海を目指して。3千キロメートルにわたるロードノベルは、オーストリアやハンガリー、ルーマニアなど目まぐるしく場面を変え、主人公たちを難題に巻き込んでいく。

あの冬、私の旅も順調とは言えなかった。

アウトバーンの速度無制限に度肝を抜かれ、ドイツ北部に向かって走行しているつもりが南下していた。気がつくと、国境を越え、オーストリアのドナウ

№.39

ドナウの旅人

河畔の小さな町に迷い込んでいた。カーナビはない。ガソリンも残り少ない。すでに夜。深く積もった、轍《わだち》も足跡もない真っ白な雪が闇夜を少しだけ明るく見せている。

やがて煌々と眩いホテルが目の前に現れた。とても泊まれる料金ではない。諦めて立ち去ろうとすると、受付のスタッフが近くの安宿に電話をかけて部屋を手配してくれた。そして私の車のハンドルを握って私を送り届けると、雪道を歩いて戻っていった。

あれから20年になる。『ドナウの旅人』では登場人物たちがウィットに富んだ会話を繰り広げる。彼らの言葉の端々には「男と女」「愛」「生きること」の教訓が覗く。宮本輝のこの秀作は人間的な成長と再生の物語だ。海外に行く日本人は数少なく、ドナウ河沿いの東欧諸国は社会主義だった。インターネッ

№.39

伊澤理江・選

トも携帯電話もないその時代、人は手紙を書き、人を待ち、人と会って語り合った。時代は変わったが、ここに描かれた人間の本質はまったく変わっていないだろうと思う。

作中、忘れ難い一節がある。「賢過ぎる女も、それに愚か過ぎる女も、人生を劇のように生きられないわ」。賢すぎても愚かすぎても人生を楽しめない、と。人生は常に河のように流れ、二度と同じ場所（シーン）に立つことはない。それは「劇」のようでもある。

私はあの冬、迷いながら旅を続け、多くの人に触れ合い、世界の断片を知った。退職後の私を異国の地へと向かわせたのも、『ドナウの旅人』と旅した日々があったからだ。

（2023年10月21日）

№.40

コリーヌ・カンタン・選

仏教と西洋の出会い

フレデリック・ルノワール＝著　今枝由郎、富樫瓔子＝訳

トランスビュー

私は大学生の頃からどんな本に関しても、ずっと「読書日記」のようなものを書き続けている。数行のみの時もあれば、内容を数ページに亘《わた》って書き写したり、コメントを書く時もある。たとえ簡単なメモでも、まさにスナップ写真を見るのと同様、それを読むとすぐに本の内容だけでなく当時の気持ちなど、たくさんの記憶が蘇ってくる。誰にもお勧めしたい習慣である。

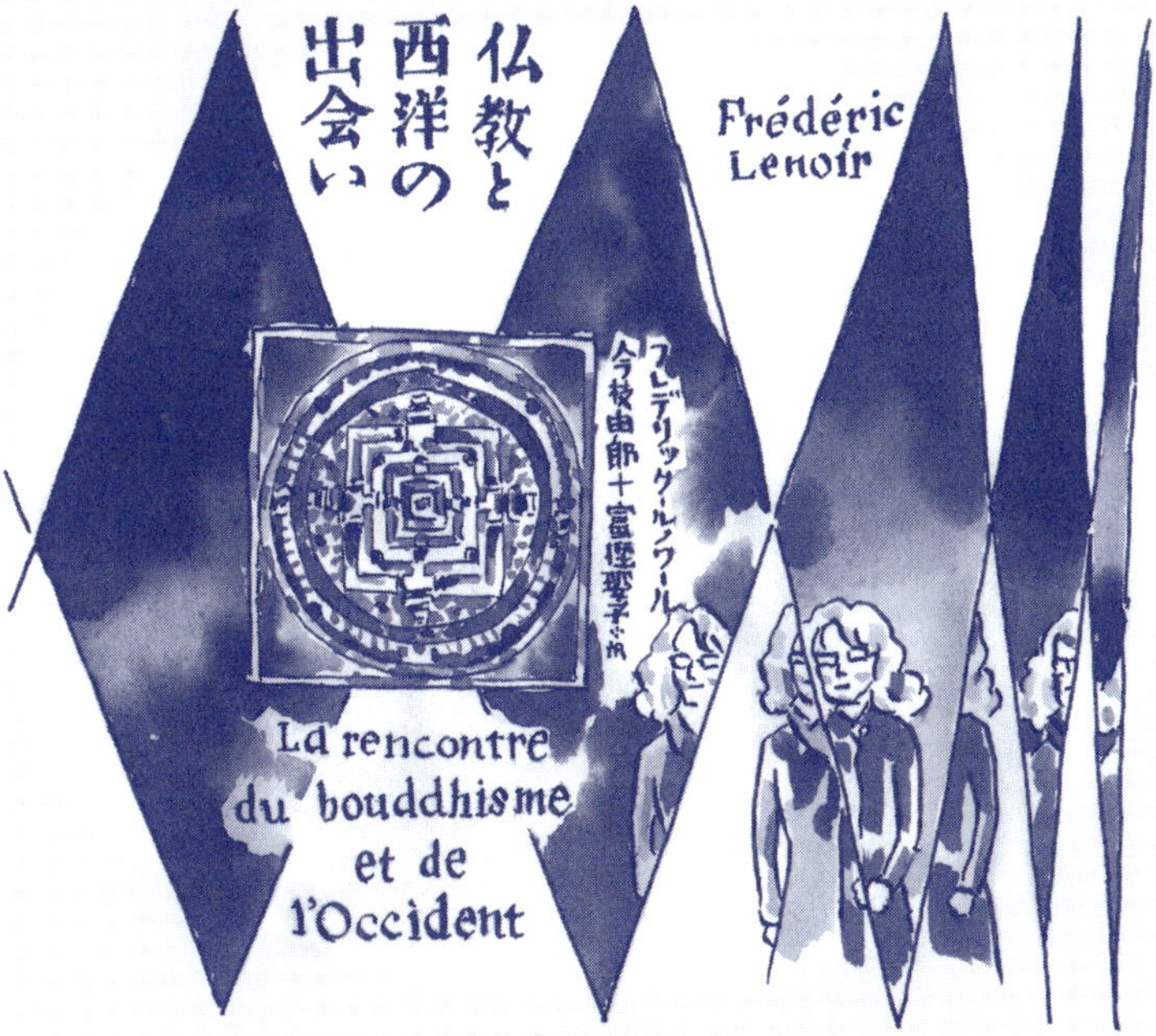

１９９９年11月29日のメモには「古代から今日に至るまで、仏教はどのようにヨーロッパで紹介され、解釈され、誤解されたか。西洋における仏教の受容」仏教への期待や幻想についての非常に興味深い歴史書」とある。この本一冊だけで、ときに恐怖の的となり、ときに希望や幻想の対象となった仏教はどのように西洋が、しばしば独特のプリズムを通しつつ、強い関心を持ち続けながら受容し、適応させ

或いは歪曲してきたかが把握できる、網羅的な研究であり、密度の濃い通史である。

東洋と西洋の出会いは、紀元前にギリシャ―インド間の地域でガンダーラ美術を産み、その思想はギリシャ哲学にも反映された。ローマ帝国下でも続いたこのつながりは、中世には弱まって行き、教会によって偶像崇拝と同一視されたため、仏教は歪んだ形で理解されていた。しかしキリスト教が徐々に衰退していく中、19世紀のロマン主義により再び脚光を浴びるようになった。

フランスと日本の間で翻訳出版の仕事に関わる私にとっては、読んだ時も今でも、貴重な参考書になっている。私の2国間の橋渡しという仕事は、もちろん微力すぎて、その途方もない歴史と比較はできないが、文化交流の意義と危険を考える上で、

№.40

コリーヌ・カンタン・選

とても読み応えのある一冊なのだ。私が尊敬する同世代の文学者、フィリップ・フォレスト氏の著書の題名を借りれば「取り違えの美」である。つまり、異文化との接触には誤解がつきものだが、逆にそのことによって、視野が広くなったり想像力が豊かになるということが、個人のレベルでも文化・文明のレベルでも起きるのである。

60年代の社会・政治運動の影響を受けた私の世代にとって、仏教は一神教文化に対する代案の哲学であり、世界に対する行動よりも自分自身に対する行動を優先し、理性と直感の適切なバランスを取る、個人の形而上学の追求に応える倫理だった。この本は、なぜ仏教が西洋で今でも支持を集めているのかを理解する助けになる。

（2023年11月4日）

№.41

岡崎武志・選

夕べの雲

庄野潤三＝著

講談社文芸文庫

小学校高学年から図書室へ通い出し、読書の喜びを知って半世紀以上。まさか本を読むことが仕事になるとは想像もしていなかったが、60代を半ばすぎた現在も読む読むの日々が続いている。

若き日、読書の一つのピークとなったのが庄野潤三『夕べの雲』。多摩丘陵の丘の上に暮らす著者一家をモデルに小説化した。殺人も災害もない。今日の続きは明日、という平凡な日常

をユーモアたっぷりに豊かに描きあげた。

私は父親を失った年（高校2年生）に読んだため、とくに平穏な家族の物語が身に沁《し》みた。感動という言葉を超えて、心身に張り付いたような思いを抱き、以後繰り返し読んで飽きることがない。

現在は団地が建ち並ぶが当時は神奈川県生田の山の上の一軒家に、大浦一家が引っ越してくる。移植する山木を守るため、

№.41

夕べの雲

風よけの木を植えるところから生活が始まった。利発な長女、わんぱくな長男、それに従う次男、そして料理上手で優しい母と童話のような家族が、一日いちにちを慈しむように生きていく。長女が高校へ入学する。お祝いに机を買おうと考える。今使うのは小学校の時に買った机だ。しかし父親は長女が留守の部屋で、古机が「部屋全体に或《あ》る落着きと調和」をもたらしていることに気づく。そしてこう思うのだ。

「もうこの机を取ってしまうことは出来ない。このままの方がいいような気がする」

ある日長男が「松のたんこぶ」を友達からもらってきた。松の枝の先に丸い節がついているのをそう呼んだ。父親の肩たたきにちょうどいい。「これはいい物、貰《もら》った」と口にする。

この小説が「日本経済新聞」に連載されたのが１９６４年か

№.41

岡崎武志・選

ら。東京オリンピックの年で、日本は高度成長の急坂を駆け上がり騒々しくなっていく。『夕べの雲』の丘も宅地造成が始まり、木が切られていく。それでも父親が家族へ向けるまなざしは変わらない。温かい治者の眼だ。

「ここにこんな谷間があって、日の暮れかかる頃にいつまでも子供たちが帰らないで、声ばかり聞えて来たことを、先でどんな風に思い出すだろうか」と、書かれた文章が本作のテーマだろう。

私は若くして死んだ父の身代わりとして『夕べの雲』を読んできたし、これからも読む。2024年、没後15年を記念して神奈川近代文学館で「庄野潤三展」が開催された。家族写真や手紙など、著者がいかに家族を大切にしていたかが分かる。「松のたんこぶ」も展示された。

(2024年7月27日)

№.42

坂口菊恵・選

奇蹟を求めて

グルジェフの神秘宇宙論

P・D・ウスペンスキー＝著　浅井雅志＝訳

平河出版社

高校生の時分、理系クラスに属していたわたしは、大学への進学のイメージが湧かずに哲学書や宗教書を読みふけっていた。盗みをしてはいけないとか、自殺をしてはいけないといったような一般的な社会規範の根拠がまったく理解できなかったため、これまで歴史を左右してきた思想の中に答えがあると期待したのである。過去の聖蹟に対する解釈や生き方の指南を述べたそれらの書物と比較

し、『奇蹟を求めて』は魅力的で衝撃的だった。その後の放浪生活にもかかわらず手元に残していた数少ない一冊である。

ゲオルギー・グルジェフは二十世紀前半に活躍した、ギリシア系とアルメニア系のルーツを持つ神秘思想家である。本書はロシア革命のさなかに行われた講義の記録を弟子がまとめたものであり、後のニューエイジ運動に大きな影響を与えた。グルジェフはイスラムや古代インドから継承された心身鍛錬法を欧米人に紹介した。そして、経典や曼荼羅を参照したのでは理解困難な近代科学以前の世界観を、平易な言葉で解説した。

宗教が世の中に及ぼしてきた多大な影響を考えると、最初にはなんらかの「奇蹟」ととらえられるような事象があったと考えられる。そうでなければ人は容易に生命や財産を捧げたりはしないはずである。しかしグルジェフは不可知論者であり、人間の心の働きや、宗教的な事象の意味に関する解説は大変にドライだ。神経科学の理論にも通じるものがある。

本書が私たちに示唆する教訓は大きくふたつある。ひとつ目は「人間は眠っており、白昼夢のもと日常生活を送っている」という指摘である。人間の認知や思考パターンは習慣や学習、生理的な要因に影響を受けており、物事に対する好悪を自動的

№.42

坂口菊恵・選

に判断する。後付けで理屈を付け加えるが、それを真実と信じとらわれ続けるならば、社会の分断は進むばかりである。ふたつ目は、意識の階層性に関する考察である。研究者が人工の脳や意識を作り出そうと試みている現在、ヒトの通常の覚醒状態の他にも意識の段階があることが確かめられている。意識の変容方法を探求していた人類は、知覚を拡大し創造性を高める技術を編み出していた。AIに負けないようにヒトの脳に電子チップを埋め込むこと（イーロン・マスク氏率いるニューラリンク社がかかげる問題意識）を検討する前に、古代の智慧を問うことに、人間独自の創造性を定義するヒントが秘められているかもしれない。

（2023年12月16日）

No.43

倉本さおり・選

きらきらひかる

江國香織＝著

新潮文庫

情緒不安定でアルコール依存症気味の妻と同性愛者の夫が選びとった、どこか奇妙であぶなっかしく、愛おしい結婚生活のありよう。高校生のときにこの物語に出会い、夢中になるあまり全文書写まで試みたのを覚えている。

もともと恋愛小説が好きだったわけじゃない。恋愛に象徴される、外気にふれた途端にこぼれおちてしまうような物事の輪郭が、つゆほども損なわれるこ

となく言葉の力で立体的に縫い留められているさまに惚れこんでしまったのだ。もちろん当時はそんなふうに言語化できていなかったけれど、読むことの喜びが細胞のすみずみまでいきわたるのを感じた。蛍光ペンでいくつもの線を引きながら、こうした言葉の営みのすばらしさを解き明かす仕事がしてみたいと夢見てもいた。

数年後の大晦日、わたしはチェーンの居酒屋の宴会用ルーム

№.43

きらきらひかる

で座布団に掃除用のスプレー液を吹きつけながら途方にくれていた。深夜だった。ひとりだった。大学院に入ったものの、そのころには自分がなにをやりたかったのかさっぱりわからなくなっていた。まるで手応えのない論文の先につながっているはずの茫漠とした将来よりも、賃金に還元される労働のわかりやすさにひきずられるようにして始めたアルバイトだった。そこでこの一冊と出会い直すことになったのだ。

カバーを外した状態で床と座布団のあいだに挟まっていた文庫本の表紙には、アルファベットで綴られた名前が日付と共にえんぴつで書きこんであった。ほとんど無意識のうちに本をひらくと、蛍光カラーの線があちこちに引いてあって、日本語と、どこの国の言語なのかわからない言葉のちゃんぽんでコメントが殴り書きされている。その店は大学のそばにあったので、お

№.43

倉本さおり・選

そらくはゼミや学会の打ち上げの際に留学生が忘れていったものだったのだろう。ぱらぱらとページを繰るうち、〈空いっぱいにのりたまをちりばめたみたいだ〉という一節にうすみどりの線が引かれているのを見つけて息をのんだ。かつてわたしもまったく同じ箇所に線を引っぱったことを思い出したからだ。〈物事をかけらもうたがわないたち〉〈尋常じゃない〉〈胸がしわしわになった〉――かつて自分がなぞった言葉のつらなりが、うすみどりやうすきいろに光っていた。それはたしかに他者と言葉をわかちあった瞬間だったのだと思う。

あのとき光って見えた言葉のつらなりは、書評家として歩くうえでの道標《みちしるべ》になっている。

(2024年1月13日)

№.44

阿部卓也・選

七つの夜

J・L・ボルヘス＝著　野谷文昭＝訳

岩波文庫

「ねえパパ、今日も寝る前におはなしして」。幼い子供たちに請われるまま、私はこの数年、布団の中で毎夜、即興のおとぎ話を語ってきた。眠りかけた頭で、筋はうねり、話の途中に別の話が生まれ、「続きはまた明日」か、その前に子供が夢に落ちて、一夜が終わる。延々と語り続ける日々から、やがて自然に猫と犬の姉弟が主人公になった。猫と犬はシンドバッドのように海を渡り、無人島

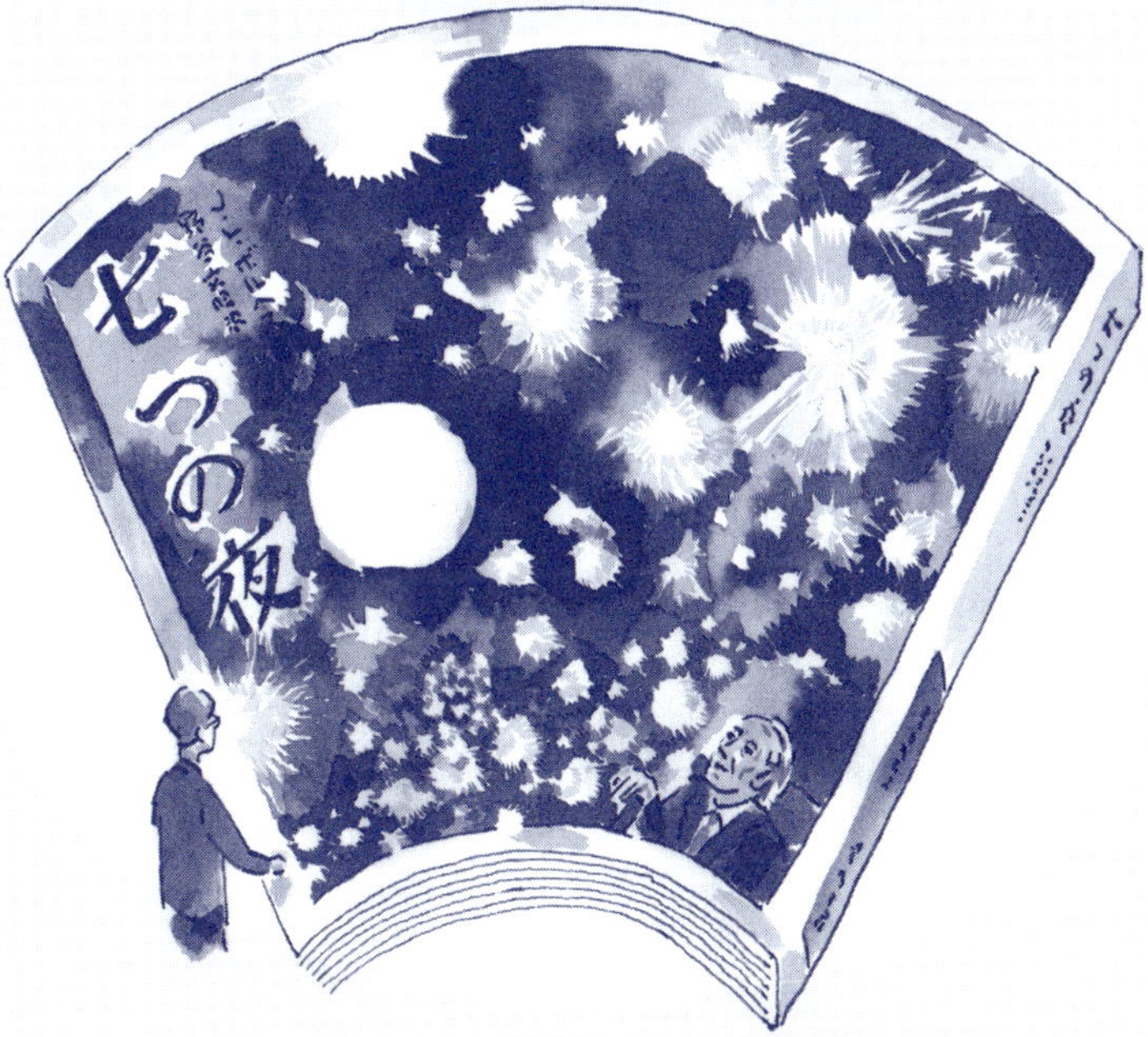

で魔法の力を得て、動物の仲間たちと町を築いた。上の子が小学校に上がると頻度はやや減ったが、合計で千夜以上は語ってきたはずだ。

私はよく、自分が千一夜物語の語り部、シェヘラザードのようだと感じる。そして作家J・L・ボルヘスが、講演録『七つの夜』で、この古典について語ったことを思い出す。アルゼンチンが生んだ二〇世紀幻想文学の巨人ボルヘスは、永遠、書物、

№.44

七つの夜

迷宮といったテーマを好み、千一夜物語も深く愛した。昔からあった説話を大量に寄せ集めて成立した千一夜物語は、すべてのおとぎ話と、それが決して終わらないことの象徴だ。

ボルヘスはまた、名高いアラジンと魔法のランプの話が、アラビア語の原典にはなかったという事実にも注目する。千一夜物語は、一八世紀にアントワーヌ・ガランによりフランス語訳され、ヨーロッパで人気を博す。だがその時、ガランは無関係な物語を無断でたくさん挿入したらしい。ボルヘスは、ガランにはそれをする権利があったと弁護する。「あの『夜の語り部たち』同様」と。そしてボルヘスは、この自分の言葉さえも、拡張を続ける千一夜物語の一部だと語り、章を締めくくっている。

家族の形は、人により地域により時代により、さまざまで正解はない。けれども、そこに子供と子供を護る大人の営みがあ

№.44

阿部卓也・選

ることだけは変わらない。私の子供たちは、幸せな日も悲しい日も（悲しい日ほど）、ベッドで飽きずにおはなしをせがみ続けた。「その本の中に入れば人間の哀れな運命が忘れられる」というボルヘスの言葉に、私は慰められた。

「王さまが明日もわたしを生かしてくださるのなら、もっとおもしろいお話をお聞かせできるでしょう」。シェヘラザードがそう言うとおり、物語ることは、未来を夢見るための命がけの戦いだ。千一夜物語は、きっと今夜も世界中で増殖し続けている。バグダッドで、パリで、ブエノスアイレスで。東京で、キーウで、ガザで。子供たちがまどろむ、すべての寝所で。

（2024年1月20日）

№.45

南沢奈央・選

錦繍

宮本輝＝著

新潮文庫

一度だけ、「仕事を辞めさせてください」と事務所の社長に言ったことがあった。デビュー二年目、高校二年生の秋頃のことだ。スカウトをきっかけに始めた俳優業は、仕事というよりもバイト感覚に近かった。だからちゃんと将来のことを考えるためにも学業に専念したく、大学受験を前にそう申し出たのだった。

「大きな仕事が決まったからそれだけはやってください」と

後日知らされたのが、連続ドラマ・映画『赤い糸』の主演だった。撮影と並行して受験勉強に励み、必死に悩みもがく。そんな時期に出会ったのが『錦繍』だった。

　中学生のラブストーリーを演じながら読んだ『錦繍』は、十七歳が読んでいいのかと思ってしまうくらいの〝大人のラブストーリー〟だった。その烈《はげ》しさは理解しきれない部分はあったが、それでも心に染み入ってきたのはわかった。そして思ったのだ。「いつかこういう大人の恋愛も演じられるようになりたい」と。それ以来、『錦繡』に対してわたしのなかに憧憬《しょうけい》に近い感情が横たわり続け、いま、女優十八年目を歩んでいる。

紅葉に染まる蔵王での元夫婦の十年越しの再会。そこから始まる手紙のやりとり。離婚の原因となった無理心中事件の真相、その後のそれぞれの日々、そして現在——。十四通の往復書簡で、男女の孤独と希望が描き出される。

本書の起点となる蔵王という地にも憧れて、実際に足を運んで景色を見ながら感慨に耽ったこともある……のだが、今回、第一印象のまま読み返してみて、衝撃を受けている。もっと大人の話だと思っていたが、すっかりわたしは主人公たちと同世代、もはや演じられる年齢になっていた。

南沢奈央・選

　だからこそ感じ入り方もまったく異なり、まったく初めての物語を読んでいるような気分になってしまった。烈しさが渦巻きながらも、漂うのはむしろ静謐《せいひつ》さ。愛についてはもちろんだが、死生観や人間の業といった、生きることの深層部分について考えさせられる。過去に引きずられるように今を生きていた二人が、心の内を吐露することで解放されて、未来を見据えて今を一歩一歩進んでいく姿に、最後には力をもらうのだった。「人間は変わって行く。時々刻々と変わって行く不思議な生き物だ」。本書と再会して、わたしはこの言葉を新鮮に噛みしめることとなった。何年後になるか、いつかまた読むときに本当の意味で「なつかしい」と思えるのかもしれない。

（２０２４年２月24日）

№.46

田尻久子・選

洟をたらした神

吉野せい＝著

中公文庫

私が営む書店（ギャラリーも兼ねている）で毎年作品展をやっている陶芸家の佐藤恵さんは、熊本に来るたび面白い本を薦めてくれる。『洟《はな》をたらした神』を教えてくれたのも彼女だった。「古本屋で見つけたのだが、百円で買ったのが申し訳ないくらい素晴らしい本だった」と力説され、読みたくてたまらなくなった。わざわざ探したりもしなかったのだが、ある日ふと入った古本屋で百円均

一棚を眺めていると、『洟をたらした神』という文字が目に入った。ひとり興奮して手に取ると、装幀と序文は串田孫一。やはり百円なのかと思いながらも、高値であれば買えない私にとってはありがたく、複雑な気持ちになりながらも買い求めた。奥付の裏には、おそらくはもうこの世にいない以前の持ち主の覚書があり、読了した日時や感想、印象に残った一文が書き出してある。

№.46

洟をたらした神

1899年生まれの吉野せいは、少女時代から文学に傾倒し、小学校教師を務めていたころに詩人・山村暮鳥と出会い、作品を発表するようになる。だが、1921年に詩人・三野混沌《みのこんとん》と結婚してからは、開墾生活に従事した。再び筆を執ったのは、71歳。混沌亡きあと、交流の深い草野心平から強い勧めがあったのだ。本著の「信といえるなら」という一篇にその場面が書き記してある。

混沌の詩碑が建てられ、草野心平が祝いに来る。会話の途中、彼は突如としてせいの両手を握りしめたまま、深く頭を垂れ、額をせいの胸にぴったりたりつけ暫くの間じっとしていた。額をあげると、鋭い眼で射すくめ、「あんたは書かねばならない」と言うのだ。せいは「混沌がのこしたものだけを整理することなどでなく、はっきり離れた自分自身が書きたいものを書けたらと

№.46

田尻久子・選

思います」と、「相手の眼玉に自分の視線をつきさして」返す。さらに草野は「あんたにしか書けない、あんたの筆で、あんたのものをな」と念を押す。まさに吉野せいは彼女にしか書けないものを書いた。

本著を初めて読んだのは三十代後半で、営む喫茶店の片隅で本を並べて売っていた頃だ。自分が文章を書くようになるとは思ってもおらず、まだ本屋とも言えなかった。すごい文章を書く人がいたものだと、ただただ感嘆していた当時がなつかしくもある。書くようになったいま読み返すと言葉の凄みに打ちのめされる。伐《き》ったばかりの生木のようなその言葉に。

中公文庫として復刊された『洟をたらした神』は、店の書棚に切らすことなく並べている。

（2024年3月9日）

№.47

乗代雄介・選

人間とは何か

マーク・トウェイン＝著　中野好夫＝訳

岩波文庫

マーク・トウェインは、自分の死後も家族が収入を得られるよう、膨大な量の自伝を口述筆記で書きためていた。一九〇八年一一月二日には、『人間とは何か』という本について こう語っている。良識的で知的な人物でも理解を示さないと確信していたので、偏見のない意見を聞くため、名を偽った自費出版で四百部刷り、配ることにした。

老人と青年の対話からなる本

書の主張をまとめれば、〈人間は「自己満足だけは必ず達成する」〉となる。〈人間は「幸福、自己是認」以外の目的は持たない〉でもいい。善行でも悪行でもそれは絶対だ、と老人は青年に語り続ける。カーネギーは、真の作者の予想通り「これを読んでも、新たに思想が深まったとは思えない」と反応した。正しいかもしれないが、虚しいのだ。

　トウェインの自伝を完全収録

№.47

人間とは何か

した本は全三巻、日本語版でも各千ページ以上に及ぶ分量だ。その最後の文章は、三日にわたって手ずから書かれた。始まりは、次女クレアラが嫁いでいった数週間後のクリスマスイヴのこと。彼は起き抜けに、同居している末の娘ジーンが亡くなったことを知らされる。すでに長男、長女と妻を亡くしており、庇護すべき者がいなくなった作家は、心臓発作だったという死をその目で確認したわずか数時間後、自伝の幕を閉じるべく書き始めた。

「そのぞっとするような長い労働は無駄であった」「かわいそうなジーンは今それを必要としていないし、クレアラは結婚して幸福で裕福であり、それを必要としていないからだ」

彼は、思い出を慈しみながら、しかし現実から目を背けることなく、娘の死から葬儀までの出来事を書き付けて、長大な自

№.47

乗代雄介・選

伝をすっぱり終わらせた。その翌年、自分の死後百年は自伝を公表しないよう遺言し、この世を去った。

何のために書くのか？　彼ほどそれを思い知った人はいないのではないか。文学のため、金のため、喜びのため、家族のため。その全てをきっと認めながら、そこにまたがる人間の行動原理を説明しようとしたのが『人間とは何か』だ。

私はこの本をそれほど好きではなかったけれど、死後百年、二〇一〇年に公開されて徐々に翻訳された自伝を読んで考えを改めた。『人間とは何か』はジーンの死の前に書かれたものだが、絶望的なその死に直面してさえ、彼は悲喜こもごもの「自己満足の達成」をやってのけ、そこにある虚しい正しさを証明してみせたのだ。

（2024年3月23日）

№.48

小川あん・選

スプートニクの恋人

村上春樹＝著

講談社文庫

小説の中で、この人物の、この言葉が忘れられない。というのはおそらく誰しもがあると思う。――〝なつかしい一冊〟と〝なつかしい記憶〟は結びついている。

「いろんなイメージや、情景や、切れ切れの言葉や、人々の姿――わたしの頭の中にあるときには、みんなまぶしく光って生き生きとしている。彼らが〈書いてくれ！〉って叫んでいるのが聞こえる。そこから素晴

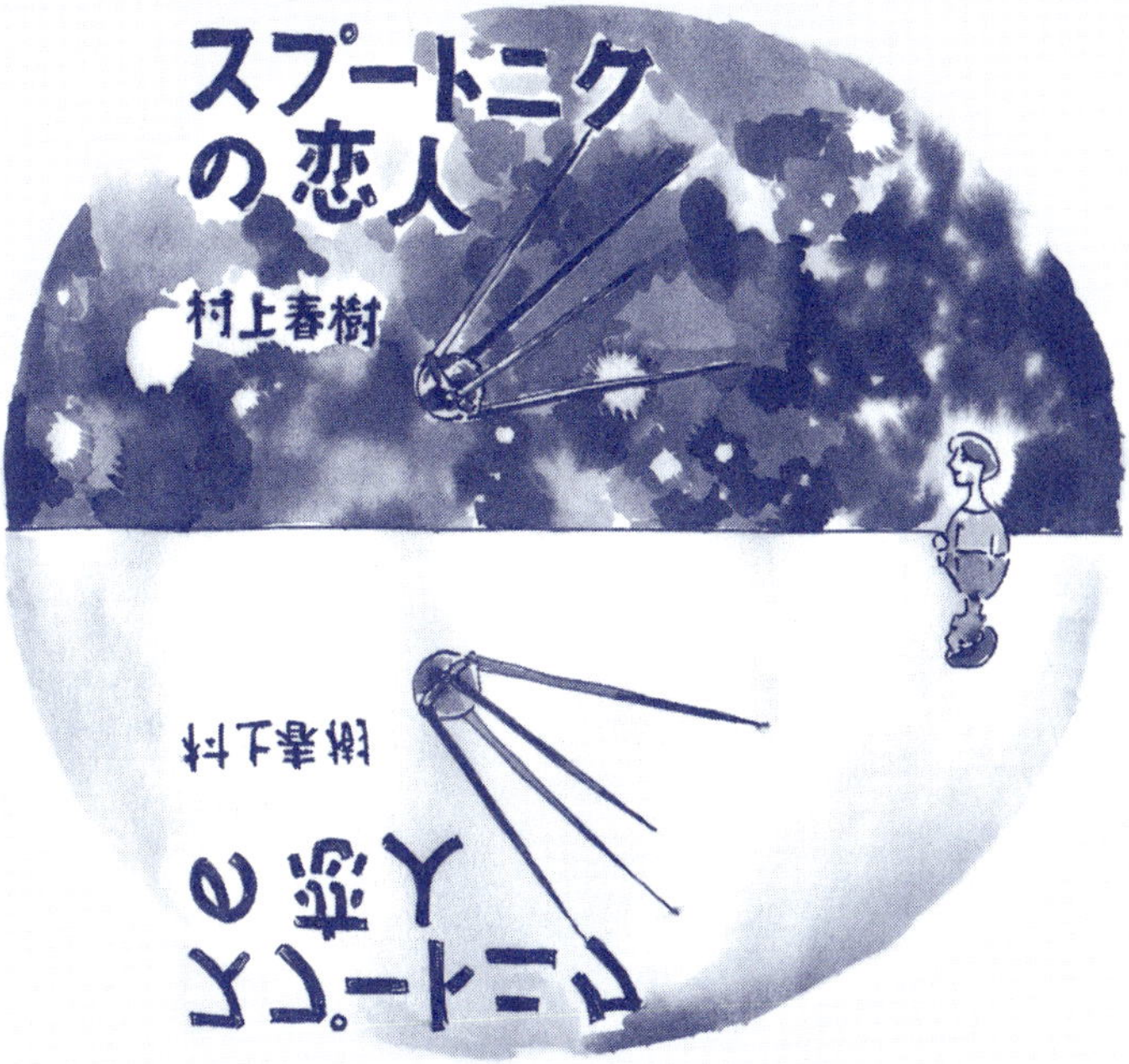

らしい物語が始まりそうに思える。」

12年前、わたしの目に映る情景が突如、静止画のように動かなくなり、灰色に包まれた。唯一は物語の世界に駆け込むことで色彩を取り戻すことができた。それから、ふと思い立って、俳優を目指す。現実から逃れて生きることができると、希望と期待を膨らませて。小説家を目指している主人公すみれのこの言葉は当時のわたしの心情そのままだった。でも、その輝きは長くは続かない。己が憧れた世界への半疑と挫折を嘆く。5年経ち、再びページをめくり、繰り返し声にした。

「わたしにはもともと何かが欠けているのかもしれない。小説家になるために持っていなくちゃいけない、何かすごく大事なものが」

大学を卒業して、何者でもない自分と俳優の狭間に佇んでいたわたしは常に不安を抱えていた。表現者として観客に伝える才能を、堂々と人前に立つ勇気を、俳優を生業にする覚悟が欠けているんじゃないかと。そもそも俳優になった瞬間の境目はどこ？　俳優の卵が羽化する時はいつ？

そして3年前、俳優をやめた。すみれが言う欠けている何かを探すのを諦めた。物語のないところへ行きたくて、北海道の

№.48

小川あん・選

紋別で数ケ月暮らした。結局何も変わらなかった――空白は欠けたまま。

はやく家族のいるお家へ帰りたい。帰郷して、数年前に主演した短編の助監督の太田達成さんからわたしに出演してほしいとのお声が掛かった。川を歩くだけ、石を探すだけの映画を作りたい、と監督は言った。その小さな物語を少しだけ前に進めてみたかった。

いま、わたしは俳優として生きている。そう、これからも物語を動かす旅をする。

「『わたしの頭にはね、書きたいことがぎっしりとつまっているのよ。わけのわからない納屋みたいに』とすみれは言った。」

欠けていた何か（……）はこれから出会う人のために大事にとっておいて。

（2024年4月20日）

No.49

影山貴彦・選

父の詫び状

向田邦子＝著

文春文庫

向田邦子は日本のドラマをけん引した脚本家のひとりとして知られる。倉本聰、山田太一とともに「御三家」と称されることも多い。

小説家、随筆家として卓越した才能も発揮した。『父の詫び状』は、向田が乳がんを患った翌年、１９７６年からおよそ２年にわたって『銀座百点』に連載された随筆をまとめたものだ。退院してから１カ月後の執筆依頼だったという。

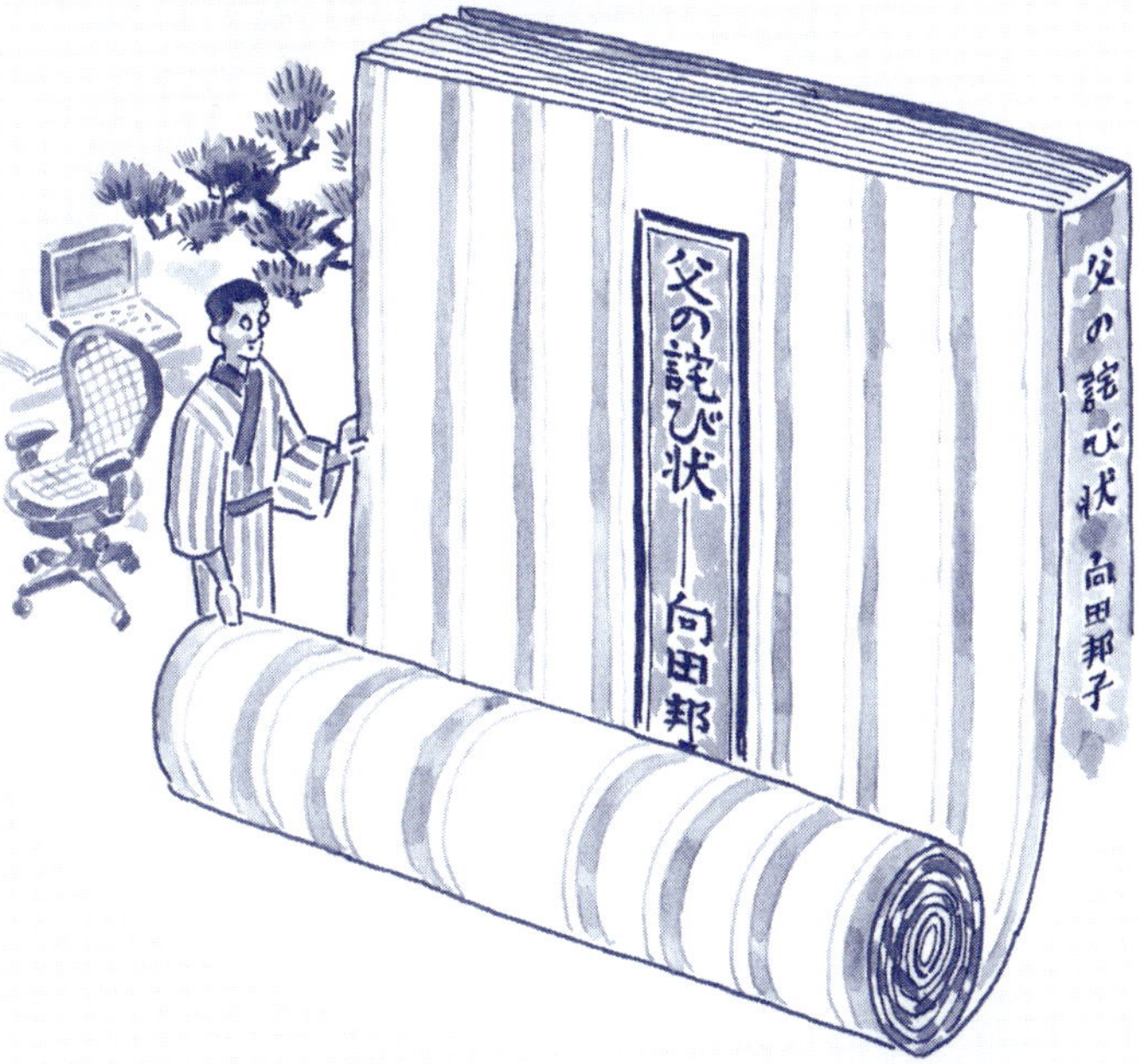

当時の彼女は、術後の経過がおもわしくなく、右手がまったく利かなかったそうだ。「のんきな遺言状を書いて置こうかな」という気持ちもどこかにあり、連載を受けることにしたと、『父の詫び状』のあとがきに記されている。単行本化されたのは78年のこと。「もっとも読まれている、向田邦子の本」と文庫本の帯にあるとおり、向田の代表的な随筆集と言えるだろう。

仕事柄、大学の教え子たちか

№.49

父の詫び状

ら「先生のおすすめの一冊は何ですか?」と聞かれることが多い。そんな時迷わず挙げるのが『父の詫び状』だ。放送マンから大学教員に転じて20年以上が経つが、私の「推し」は変わらない。読み終えた学生が、「とても感動しました!」と研究室に報告に来ることも少なくない。それも時を経て変わらない。

テンポ良くリズミカルな筆致で、だからといって決して軽くなく、ユーモアのセンスをちりばめ、くすりと笑わせられたかと思えば、直後に私たちの心を大きく揺さぶる。こんな文章が書けたらどんなにいいだろうと憧れ続け駄文を書いているが、いつまでたっても足元にも及ばない。

タイトルに「父の~」とある通り、明治生まれの頑固な向田の父にまつわるかけがえのない思い出が幾つも綴られているが、24篇の随筆の中には、もちろん母のことに触れられた珠玉の一篇もある。たとえば、「子供たちの夜」。宴会や仕事で遅くなる夫の帰りを待ちながら、子供たちのために、翌日小学校で使う鉛筆を毎日欠かさずナイフで丁寧にけずってくれていた母。夜中にトイレに行きたくなり目がさめた際、うす暗い廊下を歩いていくことが気味悪くてたまらなかったが、母の鉛筆をけずる音やその姿を少し見ることで、安心して用を足すことができ、夢のつづきを見られたとある。さりげないエピソードながら、その情景は鮮やかな映像となって目の前に浮かぶ。

「向田邦子は突然あらわれてほとんど名人である」。かつて山本夏彦が残した言葉に深く頷くばかりだ。51年の生涯はあまりに短い。

（2024年5月18日）

№.50

谷口恭・選

完訳
7つの習慣
人格主義の回復

スティーブン・R・コヴィー＝著
フランクリン・コヴィー・ジャパン＝訳

キングベアー出版

「分子生物学を極めれば『人間とは何か』が分かるのではないか」、そう考えて会社員を辞めて医学部に入学したものの、自分には研究の能力もセンスもないことを思い知らされ、将来のビジョンが描けなくなり苦しんでいた20代後半に出合ったのが『7つの習慣』だった。この本はこれまで読んできたどんな人生論や人間論とも一線を画していた。この本に出合っていなければ「研究の道を諦めて

臨床医になろう」とは考えられなかったかもしれない。

医学部時代の前半は医者になるつもりはなかったが、病気で悩む人やその家族らから「意見を聞かせてほしい」という相談がいくつも寄せられた。彼（女）らは医者や病院に対する不満を口にした。社会人経験のある僕になら分かってもらえるかもしれないと考えたようだ。

社会人経験からというよりも『7つの習慣』を繰り返し読ん

でいた僕は、彼（女）らの不満のほとんどが患者と医療者のコミュニケーションの行き違いから生まれていることに気付いた。同書にある第5の習慣「まず理解に徹し、そして理解される」を医療者が実践できれば患者との関係が劇的に改善するに違いない。言葉にするのはたやすくても実際には簡単ではないこの理屈はうわべのテクニックで成し遂げられるものではない。しかし心から実践することができればあらゆる人間関係はきっとうまくいく。

そして、現在もその考えは変わっていない。自院を開業してから診察した新患患者は3万人を超え、そのなかには前医での不満を訴える患者も少なくない。そのような声はコロナ後遺症、コロナワクチン後遺症でさらに増加した。僕の診察はいつも患者を理解するよう努めることから始まる。

№.50

谷口恭・選

同書は僕の自律にも不可欠の存在だ。定期的に自身の「ミッション（使命）」を見直し、「優先順位」を基準にスケジュールを組み、「重要だが緊急でないこと」に力を注ぐよう心がけている。

もしも僕が臨床医にならずに研究者として分子生物学の道に進めていたとしても「人間とは何か」の答えにたどり着いてはいないだろう。その答えは今も分かったわけではないが、『7つの習慣』が示す生きる上での原則を四半世紀以上にわたり実践するよう心がけてきたおかげで、それはまだまだ不十分なのだが、それでも「人生は悪くない」ということが少しだけ分かったような気がしている。

（2024年5月25日）

執筆者紹介

1 はじめての本

荻上チキ（おぎうえ・ちき）
一九八一年生まれ。評論家。政治経済、社会問題、文化現象まで幅広く論じる。TBSラジオ「荻上チキ・Session」パーソナリティー。著書に『いじめを生む教室』『みらいめがね』『社会問題のつくり方』などがある。

藤本由香里（ふじもと・ゆかり）
一九五九年生まれ。評論家。筑摩書房の編集者を経て、明治大学国際日本学部教授。専門は漫画文化論・ジェンダー論。著書に『私の居場所はどこにあるの?』『快楽電流』『少女まんが魂』『愛情評論』『きわきわ』など。

中村うさぎ（なかむら・うさぎ）
一九五八年生まれ。作家。大学卒業後、OLやコピーライターなどを経て小説家デビュー。著書に『女という病』『私という病』『愛という病』『セックス放浪記』『他者という病』や『幸福幻想』（マツコ・デラックスとの共著）など多数。

月村了衛（つきむら・りょうえ）
一九六三年生まれ。作家。二〇一二年『機龍警察 自爆条項』で第三十三回日本SF大賞、一三年『機龍警察　暗黒市場』で第三十四回吉川英治文学新人賞、一五年『コルトM1851残月』で第十七回大藪春彦賞、『土漠の花』で第六十八回日本推理作家協会賞、一九年『欺す衆生』で第十回山田風太郎賞を受賞。著作に『暗鬼夜行』など多数。

永井紗耶子（ながい・さやこ）
一九七七年生まれ。作家。二〇一〇年、『絡繰り心中』で第十一回小学館文庫小説賞を受賞し、デビュー。二〇二三年『木挽町のあだ討ち』で第百六十九回直木賞を受賞。著書に『商う狼 江戸商人 杉本茂十郎』『女人入眼』『きらん風月』などがある。

森達也（もり・たつや）
一九五六年生まれ。映画監督、作家。『A』『福田村事件』（映画）、『放送禁止歌』（テレビ）など話題作を手がける他、二〇一〇年には『A3』で第三十三回講談社ノンフィクション賞を受賞。著書に『虐殺のスイッチ』など多数。

増田俊也（ますだ・としなり）
一九六五年生まれ。作家。二〇一二年『木村政彦はなぜ力道山を殺さなかったのか』で第四十三回大宅壮一ノンフィクション賞、第十一回新潮ドキュメント賞を受賞。著書に『七帝柔道記』『木村政彦　外伝』『猿と人間』など。

森詠（もり・えい）
一九四一年東京生まれ。作家。一九七七年、『黒の機関』でデビュー。八二年、『燃える波濤』で第一回日本冒険小説協会大賞、九四年、『オサムの朝』で第十回坪田譲治文学賞受賞。著書に『彷徨う警官』『夏の旅人』『会津武士道』など多数。

田中慎弥（たなか・しんや）
一九七二年生まれ。作家。二〇〇五年「冷たい水の羊」で第三十七回新潮新人賞、〇八年「蛹」で第三十四回川端康成文学賞、一二年「共喰い」で第百四十六回芥川賞受賞。著書に『田中慎弥の掌劇場』『流れる島と海の怪物』など多数。

彩瀬まる（あやせ・まる）
一九八六年生まれ。作家。二〇一〇年、「花に眩む」で第九回女による女のためのR－18文学賞読者賞を受賞しデビュー。著書に『やがて海へと届く』『くちなし』『森があふれる』など。小説の他に東日本大震災被災記『暗い夜、星を数えて』がある。

ライムスター宇多丸（らいむすたーうたまる）
一九六九年生まれ。ラッパー。ヒップホップ・グループ「ライムスター」のメンバーとして活動するほか、ラジオパーソナリティとしても活躍中。著書に『森田芳光全映画』『ライムスター宇多丸の映画カウンセリング』など。

グレゴリー・ケズナジャット
一九八四年生まれ。作家。アメリカ出身。二〇〇七年に来日、現在は法政大学准教授。二一年、『鴨川ランナー』で第二回京都文学賞を受賞しデビュー。二三年、第九回早稲田大学坪内逍遙大賞奨励賞を受賞した。

執筆者紹介

松永美穂（まつなが・みほ）

一九五八年生まれ。ドイツ文学者、翻訳家。早稲田大学教授。ベルンハルト・シュリンク『朗読者』の翻訳で第54回毎日出版文化賞特別賞を受賞。著書に『誤解でございます』、訳書にウーヴェ・ティム『ぼくの兄の場合』、ヘルマン・ヘッセ『車輪の下で』などがある。

飯間浩明（いいま・ひろあき）

一九六七年生まれ。日本語学者、国語辞典編纂者。『三省堂国語辞典』編集委員。新聞・雑誌・書籍・インターネット・街の中など、あらゆる場所から現代語の用例を採集する日々を送る。著書に『日本語をつかまえろ！』など多数。

増山実（ますやま・みのる）

一九五八年生まれ。作家。放送作家を経て二〇一三年、『勇者たちへの伝言』でデビュー。同作で第四回大阪ほんま本大賞、二二年に『ジュリーの世界』で第十回京都本大賞を受賞。著書に『百年の藍』『今夜、喫茶マチカネで』など。

浜崎洋介（はまさき・ようすけ）

一九七八年生まれ。文芸批評家。雑誌『表現者クライテリオン』編集委員。京都大学経営管理大学院特定准教授。著書に『反戦後論』『小林秀雄の「人生」論』『ぼんやりとした不安の近代日本』『絶望の果ての戦後論』など。

円満字二郎（えんまんじ・じろう）

一九六七年生まれ。編集者、ライター。出版社に勤務し、国語教科書や漢和辞典などの編集を担当。現在はフリーの編集者兼ライターとして、主に漢字文化の分野で仕事を展開。著書に『難読漢字の奥義書』『漢字の動物苑』など多数。

2 笑顔をくれる本

吉田豪（よしだ・ごう）

一九七〇年産まれ。プロインタビュアー、プロ書評家。テレビやラジオ、イベントなど多彩な分野で活躍。著書に『男気万字固め』『人間コク宝』『サブカル・スーパースター鬱伝』『吉田豪の巨匠ハンター』『聞き出す力』など多数。

櫻井寛（さくらい・かん）
一九五四年生まれ。フォトジャーナリスト。一九九四年『鉄道世界夢紀行』で第十九回交通図書賞を受賞。これまでに取材した国は九十五か国、渡航回数は二百五十回を超える。著書に『列車で行こう！ The Railway World』など多数。

佐々木望（ささき・のぞむ）
声優、歌手。アニメ、吹替、朗読、ナレーションなど、声による表現活動で幅広く活躍。二〇一三年には東京大学文科一類に合格し、声優業のかたわら通学。二〇二〇年に法学部を卒業した。著書に『声優、東大に行く』など。

一谷智子（いちたに・ともこ）
西南学院大学教授。専門は環境文学、核文学、オーストラリア文学。著書に『オーストラリア多文化社会論』『語られぬ他者の声を聴く』（共著）、『トランスパシフィック・エコクリティシズム』（共編著）、訳書にケイト・グレンヴィル『闇の河』、キャシー・ジェトニル＝キジナー『開かれたかご』、ベフルーズ・ブチャーニー『山よりほかに友はなし』などがある。

三浦しをん（みうら・しをん）
一九七六年生まれ。作家。二〇〇六年、『まほろ駅前多田便利軒』で第百三十五回直木賞、二〇一二年『舟を編む』で第九回本屋大賞を受賞。著書に『神去なあなあ日常』『ののはな通信』『墨のゆらめき』など多数。

サヘル・ローズ
一九八五年生まれ。俳優、タレント。イラン出身。一九九三年に来日。二〇一八年公開の映画『冷たい床』ではイタリア・ミラノ国際映画祭をはじめとする様々な映画祭にて賞を受賞。近年は演出、映画監督なども手がける。著書に『言葉の花束』などがある。

村木厚子（むらき・あつこ）
一九五五年生まれ。大阪大学ダイバーシティ&イン

執筆者紹介

クルージョンセンター招聘教授。元厚生労働事務次官。二〇〇九年、郵便不正事件で逮捕・起訴されるも無罪が確定し、二〇一〇年に復職。二〇一三年から一五年まで厚生労働事務次官を務めた。著書に『あきらめない』など。

玉袋筋太郎（たまぶくろ・すじたろう）
一九六七年生まれ。芸人。一九八七年に水道橋博士と「浅草キッド」結成。現在はフリーで活動中。一般社団法人全日本スナック連盟会長の顔も持つ。著書に『プロレス取調室』シリーズ、『粋な男たち』『美しく枯れる。』など多数。

千早茜（ちはや・あかね）
一九七九年生まれ。作家。二〇〇八年『魚神』で第二十一回小説すばる新人賞、二〇〇九年に第三十七回泉鏡花文学賞も受賞。二三年、『しろがねの葉』で第百六十八回直木賞を受賞。著書に『あとかた』『透明な夜の香り』『グリフィスの傷』など多数。

石山蓮華（いしやま・れんげ）
一九九二年生まれ。俳優、文筆家。TBSラジオ「こねくと」（毎週月～木）のメインパーソナリティを務める。電線愛好家としても知られ、日本電線工業会公認電線アンバサダーとしても活動中。著書に『犬もどき読書日記』『電線の恋人』がある。

東直子（ひがし・なおこ）
一九六三年生まれ。歌人、作家。九六年『草かんむりの訪問者』で第七回歌壇賞、二〇一六年小説『いとの森の家』で第三十一回坪田譲治文学賞受賞。歌集に『春原さんのリコーダー』『青卵』、小説に『とりつくしま』などがある。

星真一（ほし・しんいち）
一九七二年生まれ。書店員。紀伊國屋書店新宿本店長。一九九四年に紀伊國屋書店に入社後、梅田本店、グランフロント大阪店などの勤務を経て現職。

加藤木礼（かとうぎ・れい）
一九七八年生まれ。二〇〇五年より出版社にて文芸書と文芸誌の編集に携わる。退社後の二〇二二年秋より個人出版社palmbooksをはじめ、『じゃむパンの日』（赤染晶子）、『たんぱく質』（飴屋法水）など

執筆者紹介

を刊行している。

けんご
一九九八年生まれ。小説紹介クリエイター。SNSで小説の紹介動画を投稿。短尺で的確に小説の魅力を伝える動画が、幅広い年齢層から支持を得る。著書に『けんごの小説紹介』などがある。

木村草太(きむら・そうた)
一九八〇年生まれ。東京都立大学教授。専門は憲法学。著書に『憲法の創造力』『テレビが伝えない憲法の話』『憲法の急所』『ほとんど憲法』『増補版 自衛隊と憲法』『憲法学者の思考法』『「差別」のしくみ』『憲法』など多数。

3 たのもしい本

鈴木涼美(すずき・すずみ)
一九八三年生まれ。作家、エッセイスト。東京大学大学院修士課程修了後、日本経済新聞社に勤務。その後、フリーの文筆家に転身。著書に、『「AV女優」の社会学』『身体を売ったらサヨウナラ』『ギフテッド』『YUKARI』など。

草野仁(くさの・ひとし)
一九四四年生まれ。司会者、ニュースキャスター。大学卒業後の一九六七年、NHKに入局。スポーツ分野の放送にかかわる。八五年に退社後はフリーのキャスターに。TBS『世界ふしぎ発見!』の司会などを務めた。著書に『老い駆けろ!人生』など。

川畑博昭(かわばた・ひろあき)
一九七〇年生まれ。愛知県立大学学長。専門は憲法学。在ペルー日本大使館派遣員や同専門調査員を経て、二〇一九年に県立大教授、二四年四月より現職。著書に『共和制憲法原理のなかの大統領中心主義』など。スペイン王立法学立法院遠隔地会員。

山田ルイ53世(やまだるい53せい)
一九七五年生まれ。お笑いコンビ「髭男爵」のツッコミ担当。ワイングラスを手に「ルネッサーンス!」のフレーズと乾杯のギャグで知られる。著書に『一発屋芸人列伝』『ヒキコモリ漂流記』『パパが

執筆者紹介

貴族』などがある。

山根基世（やまね・もとよ）
一九四八年生まれ。アナウンサー。一九七一年、NHKに入局。ニュースやナレーションを多数担当した。二〇〇七年に退職後フリーのアナウンサーに。ドラマのナレーションなどで活躍している。著書に『山根基世の朗読読本』など。

山崎怜奈（やまざき・れな）
一九九七年生まれ。タレント。慶應義塾大学卒業後、二〇二二年に「乃木坂46」を卒業。現在はTOKYO FM『山崎怜奈の誰かに話したかったこと。』などでラジオパーソナリティを務める他、歴史好きとしても知られており、クイズ番組や情報番組に出演している。

伊澤理江（いざわ・りえ）
ノンフィクション作家。英国ウェストミンスター大学大学院ジャーナリズム学科修士課程修了。二〇二三年、『黒い海』（講談社）で第五十四回大宅壮一ノンフィクション賞、第四十五回講談社・本田靖春ノンフィクション賞など四賞を受賞した。

コリーヌ・カンタン
一九五九年フランス生まれ。翻訳家。Corinne Quentin ＝フランス著作権事務所顧問。訳書にアンドレ・コント＝スポンヴィル『哲学はこんなふうに』（共訳）など。『大江健三郎 作家自身を語る』『沖縄ノート』の仏訳者としても知られている。

岡崎武志（おかざき・たけし）
一九五七年生まれ。書評家、ライター。出版社勤務を経てフリーライターに。書評を中心に執筆活動を展開している。著書に『読書の腕前』『女子の古本屋』『蔵書の苦しみ』『憧れの住む東京へ』など多数。

坂口菊恵（さかぐち・きくえ）
一九七三生まれ。大学改革支援・学位授与機構研究開発部教授。専門は進化心理学、内分泌行動学、教育工学。著書に『ナンパを科学する』『進化が同性愛を用意した』、編著に『科学の技法：東京大学「初年次ゼミナール理科」テキスト』がある。

執筆者紹介

倉本さおり（くらもと・さおり）
一九七九年生まれ。書評家、ライター。法政大学大学院兼任講師。『週刊新潮』『小説トリッパー』をはじめ週刊誌、文芸誌、新聞等で書評や文芸時評、コラムを執筆。共著に『世界の8大文学賞』、『韓国文学ガイドブック』など。

阿部卓也（あべ・たくや）
一九七八年生まれ。愛知淑徳大学創造表現学部准教授、デザイナー。博士（学際情報学）。二〇二三年、『杉浦康平と写植の時代』で第四十五回サントリー学芸賞、第七十七回毎日出版文化賞、第四十五回日本出版学会賞などを受賞。

南沢奈央（みなみさわ・なお）
一九九〇年生まれ。俳優。二〇〇六年、連続ドラマで主演デビュー。以降、ドラマ、映画、舞台、ラジオ、CMと幅広い分野で活動中。書評やエッセーの執筆も精力的に行っており、著書に『今日も寄席に行きたくなって』がある。

田尻久子（たじり・ひさこ）
一九六九年生まれ。橙書店店主。文芸誌『アルテリ』責任編集者。会社勤めを経て二〇〇一年、熊本に雑貨と喫茶の店オレンジ、〇八年橙書店を開店。一七年には第三十九回サントリー地域文化賞を受賞。著書に『橙書店にて』『みぎわに立って』などがある。

乗代雄介（のりしろ・ゆうすけ）
一九八六年生まれ。作家。二〇一五年「十七八より」で第五十八回群像新人文学賞、一八年『本物の読書家』で第四十回野間文芸新人賞、『それは誠』で第七十四回芸術選奨文部科学大臣賞を受賞。著書に『最高の任務』など。

小川あん（おがわ・あん）
一九九八年生まれ。俳優。映画、ドラマ、CMなどで幅広い活動を展開中。主な映画出演作品に『あいが、そいで、こい』『スウィート・ビター・キャンディ』『4つの出鱈目と幽霊について』『彼方のうた』などがある。

執筆者紹介

影山貴彦（かげやま・たかひこ）
一九六二年生まれ。メディア評論家。同志社女子大学教授。毎日放送（ＭＢＳ）プロデューサーを経て現職。著書に『テレビのゆくえ』『影山教授の教え子が泣きにくる。』『テレビドラマでわかる平成社会風俗史』など。

谷口恭（たにぐち・やすし）
一九六八年生まれ。医師。大学卒業後に商社に勤務。その後、大阪市立大学医学部に入学。タイでの医療ボランティアから帰国後、同大学医学部付属病院に所属。〇七年に谷口医院を開業。著書に『総合診療医がみる「性」のプライマリ・ケア』など。

初出
「毎日新聞」
2023年5月20日～2024年7月27日

装丁
寄藤文平＋垣内晴（文平銀座）

来《き》たよ！ なつかしい一冊《いっさつ》

印刷 二〇二四年八月二〇日
発行 二〇二四年九月五日

編者 池澤夏樹《いけざわなつき》
絵 寄藤文平《よりふじぶんぺい》
発行人 山本修司
発行所 毎日新聞出版
〒一〇二－〇〇七四
東京都千代田区九段南一－六－一七
千代田会館五階
営業本部 〇三－六二六五－六九四一
図書編集部 〇三－六二六五－六七四五

印刷・製本 光邦

©Natsuki Ikezawa 2024, Printed in Japan
ISBN 978-4-620-32812-6
乱丁・落丁本はお取り替えします。
本書のコピー、スキャン、デジタル化等の無断複製は著作権法上での例外を除き禁じられています。